持续增长

从零搭建企业新媒体运营体系

朱少锋 ◎著

机械工业出版社
CHINA MACHINE PRESS

当今市场竞争越来越激烈，获客成本越来越高，用户对新事物的好奇愈演愈烈，这些问题已不再是通过扩大资金投入就可以解决的。想要从根本上解决这些问题，需要搭建一套完整的可持续增长的运营系统。于是"高效运营3.0系统"应运而生，这套系统将更加关注用户的需求和能力。

本书对"高效运营3.0系统"的5个环节：刚需引流、精准裂变、定向成交、主动复购以及倍速增长进行了详细阐述，并提出首席增长官必备的5个思维方式，帮助读者全方位理解运营的底层逻辑与运营方法等，科学搭建企业可持续增长运营系统。

图书在版编目（CIP）数据

持续增长：从零搭建企业新媒体运营体系 / 朱少锋著 . —北京：机械工业出版社，2019.12

ISBN 978-7-111-64367-8

Ⅰ.①持… Ⅱ.①朱… Ⅲ.①传播媒介－运营管理 Ⅳ.① G206.2

中国版本图书馆 CIP 数据核字（2019）第 273720 号

机械工业出版社（北京市百万庄大街 22 号 邮政编码 100037）

策划编辑：刘怡丹 责任编辑：刘怡丹 解文涛
责任校对：李 伟 责任印制：孙 炜
北京联兴盛业印刷股份有限公司印刷
2020 年 1 月第 1 版·第 1 次印刷
170mm×242mm·16 印张·1 插页·203 千字
标准书号：ISBN 978-7-111-64367-8
定价：69.00 元

电话服务　　　　　　　　　网络服务
客服电话：010-88361066　　机 工 官 网：www.cmpbook.com
　　　　　010-88379833　　机 工 官 博：weibo.com/cmp1952
　　　　　010-68326294　　金 书 网：www.golden-book.com
封底无防伪标均为盗版　机工教育服务网：www.cmpedu.com

运营之后，再谈增长

中国互联网在过去的十年间发展迅速，新媒体运营作为互联网高速发展而催生的岗位，经历了从诞生、进化、定型、细分，到再次进化的一个循环过程。

2009 年，微博上线内测，诞生了一大批草根大 V，微博成为当时最大的用户和流量聚集地，"新媒体运营"岗位也第一次出现在公众面前。

2012 年 8 月 23 日，腾讯推出了微信公众平台，但当时只是试水，玩家并不多。之后的 2 ~ 3 年间，伴随着微信公众平台、微信群、朋友圈的活跃度越来越高，微信已成为整个互联网生态中最大的流量池之一，"新媒体运营"也被称为热门的岗位。那时"双微"（微博、微信）成为企业的标配，大家开始为如何在微信、微博获得流量和变现而开动脑筋，都想在其红利下分得一杯羹。

但有一个特别有趣的现象，在 2015 年，虽然已有一大波人迈入了互联网行业，成为新媒体运营工作者，但其中大部分的从业者仍不能精确地定义到底什么是新媒体、什么是运营。2016 年，我撰写的《运营之光：我的互联网运营方法论与自白》一书正式出版，成为很多互联网从业者的必读书籍，互联网人开始对"运营"有了比较清晰的认识。也是在那个时候，新媒体成为互联网版图下的重要一部分。

2019 年，"增长官"这个岗位被反复提及，薪资也是水涨船高，但"增长官"就像新媒体运营岗位刚兴起时一样，对于"增长官"应该做什么、怎么做，对于如何搭建企业的增长体系，还是没有人能进行合理解释。

少锋在"360"（北京奇虎科技有限公司，简称"360"）"跟谁学商学院"等行业内知名企业都运营过非常多成功的案例，现在又自己创办了"锋长咨询"，运用独创的运营体系帮助笔记侠、纳米盒等企业搭建可持续增长的运营系统，并且取得了不错的效果。少锋对于新媒体运营、企业可持续增长的认识非常透彻，并且在不断的实践中形成了一套独特的打法。

闻悉他要把自己的所思所想整理成书，我非常期待。因为终于有人站出来对企业可持续增长进行系统的梳理和诠释，这对国内企业的新媒体从业者意义重大。

衷心向你推荐这本书，无论你是企业的运营者、增长官，还是创业者，相信这本书都会给你带来非常大的帮助。

黄有璨

三节课联合创始人

畅销书作者

2019 年 10 月

逆袭之道，运营为王

少锋邀请我为他的新书作序，不胜惶恐又有些欣慰。正如他书中所言，在他的成长路上，我起到了一些作用，但必须要说的是，他也抓住了很多机会，又在这么年轻的时候就独立创业，倍加赞赏。

少锋非常好学，在学校的时候就经常参与新媒体运营方面的工作，也很有天赋，是最早一批大熊会社群的成员。记得当年他做了一个微博热点，引起了我的第一次注意，也引发了很多大V转发，当时他才上大二，能有这样的作为，非常不易。第二次注意到他，是他毕业前做的一套校园微信的运营方案，非常有想法，恰巧公司部门新建，我就力邀他加入了"360"。因为他当时学历不太符合要求，我为此还找到公司董事长周鸿祎先生特批了一下。现在看来，我的眼光还不错，少锋在"360"做出了不俗的成绩，也得到了行业的认可，之后的许多经历，也是可圈可点的。

从刚进入"360"的月收入2000元的实习生，到短短几年后公司月收入几十万元的创业者，我觉得少锋走出了一条逆袭之路，而这条逆袭之路正是拜运营的积累所赐。少锋一直把我当老师，我也一直给他很多建议，如果说不是做运营这块，我其实是反对他这么年轻就出来做咨询创业的。但运营与成功学、知识付费不同，它不仅是理念和知识的传播，更是一种一线实操的工作形式。运营的结果不是吹出来的，而是真刀真枪干出来的。运营这个领域，不问出身，不看年龄，关注的是最终结果。这是一条艰难的道路，但也是一条实干的道路，年轻人去做价值观传递确实稚嫩，但去做运营操练，恰逢其时。因为运营行业的从业者也多是对用户感知最敏锐的年轻人。

随着互联网流量枯竭，之前的流量为王已逐渐变成运营为王，买流量太贵，唯有运营复购为王。因此，从这个角度来说，本书也可作为一本非常务实的工具书。只要有一个方法、一条路径对你有用，就能带来可观的收益。用执行和效果去验证这本书，我想是证明它价值的最好方式。其实运营这件事情，很多领先的互联网企业做得也并不算好；对于传统企业来说，确实大都需要从零开始。也许类似的工作一直会有人做，但系统化、专业化是提升效率的必由之路。

这本书里记录了少锋这些年在一线公司的运营经验和所思所想，颇有价值。毕竟凭借这些运营的理论与方法，他成功逆袭了自己的学历，逆袭了自己的职务，也逆袭了自己的收入。

万能的大熊

知名自媒体人、畅销书《格局逆袭》作者

2019 年 10 月

你好，我是朱少锋，锋长咨询创始人。

在市场竞争日益激烈的今天，增长好的企业要存粮过冬，增长不好的更要砍掉预算、稳业绩，最先被砍掉的就是"看不到效果"的市场预算。原因很简单：在经济不景气的环境下，企业更需要的是流量变现，是切实的现金流。

但我却发现，大多数企业（例如我曾供职的某大型教育机构）尚未建立起一个高效变现的"运营转化系统"就急于烧钱买流量，结果可想而知，转化率极低，造成很多浪费（如图 1 所示）。

销售额=流量×转化率

单一成交思维，流量流失高

图 1　运营系统 1.0 重视流量

不过像好未来、新东方、跟谁学商学院等国内知名大型教育机构则通过运用这套运营转化系统，实现了持续增长。跟谁学商学院更是将这套运营转化系统运用到"高途课堂"这个产品上，最终实现持续且高速增长，并于 2019 年 6 月 6 日在美国纽交所挂牌上市。图 2 为跟谁学商学院收入成本对比。

足以见得，这套运营转化系统经受住了市场与实践的检验。而事实上，如果你了解了这背后的秘密，你也能做到。如果你真的想通过搭建一个"高效运营系统"解决流量获取成本过高、成交转化率低、复购率低、没有私域流量池等问题，同时提升转化率，持续把产品/服务卖爆，成倍提升公司业绩，实现利润翻番，高效产出现金流，这本书的内容将会是你解开宝藏之谜的关键地图。

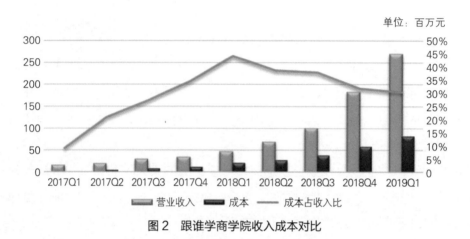

图 2　跟谁学商学院收入成本对比

七线城市普通民办三本毕业，
周鸿祎却为我亲自"背书"

先来简单介绍一下自己：我曾在奇虎 360 公司做实习生期间，通过一场萌宝投票活动，为平台低成本增粉 33W，总曝光量达到 2000W，成为当时的行业知名案例。不断成长的我，后来成为跟谁学商学院的新媒体总监，清华大学、新东方等 500 家教育名企特邀讲师。

目前的我，是一名咨询顾问，帮助教育企业搭建运营转化系统，实现营收持续增长（如图 3 所示）。

但把时间拉回到 4 年前，我还只是一名上升空间和机会都较少的"劣等生"，来自七线城市普通民办三本学校。记得当年，阿里巴巴 HR 面试我时曾说："你比马云毕业的学校还差一些。"

朱少锋
教育企业运营转化专家

- "高效运营转化3.0系统" 开创者
- 清华大学、新东方等500家教育名企特邀讲师
- 为教育企业提升运营转化率，最高达269%
- 前跟谁学商学院新媒体总监
- 一场活动低成本增粉33W，曝光达到2000W

图3　自我介绍

现实的无力，内心的挣扎，驱使我不断地寻找出路。大二那年，"不务正业"的我，就开始琢磨怎么做生意——校园团购、驾校代理、旅游包车……这些我都做过。盘点这一学年，我赚了10万元。

这件"成功的小事"，使我更早接触到了商业运营的"闭环逻辑"，也让我相信生意就像火种，能点着一张纸，也能点燃一片森林。所以我第二个生意项目做的就是微信公众号，因为当时笃信这将成为未来的红利产品。但当我在推广产品时，大多数目标用户往往会先反问一句："嗯？什么是微信？"

记得当时组建团队，做微信公众账号，做网站推广……一笔又一笔费用投进了无底黑洞。为了还清一笔笔债务，我急切寻找出路。当时我和好朋友刘克亮（熊猫书院 CEO）合伙运营起中国最大的高校联盟"SchoolMedia"。期间，我联合新媒体影响力最强的10家高校，研发出了中国互联网第一份"高校新媒体运营方案"（如图4所示）。从账号定位、内容规划、用户增长、运营转化等多个维度，为高校新媒体的运营提供了一整套解决方案，帮助500家高校搭建好微信运营体系。价值创造价值，这份方案同时被秋叶、萧秋水、万能的大熊三位老师看中并认可。

图4 "高校新媒体运营方案"微博截图

正因这个契机，时任360公关总监的万能的大熊推荐我进入360公司。但当时HR却说："这孩子学历太低，我们都要名校的，民办三本学校毕业的要不了。"然而，转折点来了，360公司的董事长周鸿祎看完我的资料说："这孩子很有意思，招进来吧。"

原以为，经过老周亲自背书后，我会在公司一展身手。但没想到，连续一个月，我都在做着检查错别字、收发快递的琐碎事情。当时我的工资是 2000 元 / 月，我只能在北京城的大山子北里一带租房子——一间没有厕所，没有浴室，只有一张床的 9 平方米的次卧。躺在床上，我翻开床头王小波写的一本书，书上赫然出现一句话："这道理很简单，要想获得现实的快乐，总要有物质基础，嘴说是说不出来的。哪怕你想找个干净厕所享受排泄的乐趣，还要付两毛钱呢。"

找不到自我价值，挣不到够租一间有卫生间房子的费用，女友也因为长期异地恋而提出了分手。一无所有的我，似乎就剩下"努力"了。"所谓努力，就是忘掉自己在干什么，只管去做吧。"这也是王小波的一句话。于是我去找领导，只希望他给我定个 KPI（关键绩效指标），给我个努力的意义。

"你一个运营实习生能干点啥？""依你的能力，那就半年内把平台上 4W 的粉丝数量翻一倍吧！"但领导万万没想到的是，他这句打压我的话，被我当成了困境中的救命稻草。

一周完成半年 KPI，
两周为平台增粉 33W

我在高校做过最有效的增粉活动是"校花评选"。这一次，我打算做一次"萌宝投票"的活动——因为炫耀自家孩子是人性的需求之一。但一个活动需要启动流量，需要预算，以及各部门的支持。当时并没有人看好我，所有事情都是我一个人在做——活动的传播策划、原型图设计、用户运营等。

当时的直属领导也不太看好我做活动，我不得已厚着脸皮找大领导批了 2 万元的预算。冒着风险，在几乎所有人都不支持的环境下，我启动了活动。令我不敢相信的是，一周之内平台增粉 5W，一周完成了半年的 KPI。

领导更不敢相信，过来弹了一下我的脑门："小子，有没有刷量？"

"领导，我的工资都不够刷粉的呀。"我回道。

经过这次活动的检验，我获得了领导和同事们的认可。之后，360儿童手表第三代上线，需要做活动推广。考虑到我之前不错的运营成绩，领导让我来主导这次活动。于是，我以一个实习生的身份，带着我的领导、同事等30多人，启动了该品牌传播的运营活动。

该活动最关键的要素有以下两点：

- 关注用户的底层需求。妈妈都希望通过晒孩子，与朋友们产生一个聊天互动的话题。
- 激发竞争的活动设置。通过设置"人人都是小童星""丰厚的代言人奖品及特权"等引爆点，以及效果外化等方法，形成良性循环，使得活动整体影响力越来越大（如图5所示）。

图5　活动页面截图

2015年6月，由我主导的活动"360儿童手表寻找代言人"，用很低的成本，在两周内成功增粉了33W，活动总PV（页面浏览量）高达2000W（如图6所示）。

图 6　微信后台数据截图

新颖的微信增粉形式震惊了众人。而本次活动的复盘文章，全网阅读量更是高达千万！于是，我紧紧抓住这个机会，向更多人分享我操盘活动的经验，在 30 天内通过多个渠道连续分享了 31 场，影响人数高达百万人，从此奠定了我在新媒体领域的地位（如图 7 所示）。

图 7　分享主题

此后，我除了在 360 公司做出很多影响颇广的新媒体案例外，还在清华 X-cute、插坐学院、一招学院、罗友霸王课、馒头商学院等多家新媒体平台开设线下课程。而我也成为在 360 公司第一个做内训的实习生。（如图 8 和图 9 所示）。

2016 年 10 月，凭借影响力和成功案例，我完成了人生中的第一次跳槽。24 岁，我来到跟谁学商学院，担任新媒体总监。相比刚来北京时，我的工资已经翻了 10 倍。

图 8　为 360 集团各事业部培训游戏化运营相关内容

红衣教主周鸿祎

小朱啊，你要多做内部培训啊

360° 无死角爱教主

BOSS，那做完是不是能涨工资？

红衣教主周鸿祎

你刚才说什么了？我好像没看清？

360° 无死角爱教主

没什么，我说老周你好帅！

图 9　我与老周的微信聊天

通过搭建"运营转化系统"，
单月营收破百万元

初进跟谁学商学院，我的工作并不是新媒体总监的工作，而是"会务"的工作——扫地、刷盘子、擦桌子、倒水、递麦克风。甚至有一次因为不了解工作流程，被会务组长当着一堆人的面，罚做了 30 个俯卧撑。

我实在忍受不了了，就跟 CEO 反映："我要干点真正有价值的事，对得起我这份工资。我希望可以讲课。"三天两夜的课，我被安排在员工最累、请假最多的第二天晚上，讲新媒体运营转化的课，没有内部试讲，直接上台讲（如图10所示）。评分表出来后，我是全场最高分。记得当时还出现了比较戏剧化的一幕，有一位听课的教培机构校长很疑惑地说道："之前一直给我倒水的这个孩子，怎么成讲师了？"这之后，我就确立了在跟谁学商学院讲师的地位，也不用再做会务，不用被罚做俯卧撑了。

为全国教培机构校长分享
增长营销系统方案数十场

图10　我在跟谁学商学院讲课的照片

做了一段时间讲师，我开始通过搭建一个运营系统，帮助跟谁学商学院实现线上引流、线下转化的商业模式。运营系统很简单，却非常有效——让用户通过线上的"教培机构'2+1'新媒体训练营"的学习，从弱信任提升到强信任，进一步转化到线下课程之中。后来，据机构统计，活动上线2个月，营收破百万元。

今天，流量越来越贵，如果不搭建好"运营转化系统"，直接进行销售转化，则会造成流量大量浪费，转化率也很难提升上去，利润也不会很高。

马克思·韦伯说："人类是悬挂在自己编织的意义之网上的动物。"

这一次，我升级了自己的"意义网"——从满足"小我"的自我价值感中跳脱出来，以"大我"的视角来考量此生的目的。

我希望自己可以帮助更多拥有好产品的中国企业，在市场竞争激烈的今天，搭建好自己的运营转化系统，做到持续增长，不用再为营收发愁。

为500家知名企业
提供培训和咨询

因为擅长学习研究和演讲，我把自己定位为一名咨询顾问，开始把自己的经验"显性化"为知识体系，通过培训和咨询开始去影响和改变一些企业（如图11所示）。

图11　与我合作的部分机构

通过这个过程，我梳理自己的经验，发现每一次成功的背后，无一不基于一个至简的"道"—— 重视用户。我深知，用户不是一个冰冷的数字，更不是"流量"，而是一个个有情感、鲜活的个体。一个品牌要想有生命力，一切运营的转化动作一定是以用户为基点的。

基于这种"重视用户"的理念，我结合自己曾在360公司用两周引流涨粉33W的用户增长经验，以及在跟谁学商学院单月营收超百万元的运营转化方法验证下，我研究出了一套"搭建运营转化3.0系统"的方法论（如图12所示）。

在实践中，我不断升级迭代这套系统，并经过实践的"自然选择"，进化发展到了现在。

运营转化3.0系统与1.0、2.0系统到底有哪些不同？如图13所示，"机械型运营系统"的本质就是流量转化思维，只关注流量，不为用户赋能。可以预见的是，企业获取一些流量，再乘以转化率，最后的转化也一定是可以预测到的"线性增长"。但如果企业要更上一层楼，做到"倍速增长"，这样做肯定是没有提升空间的。

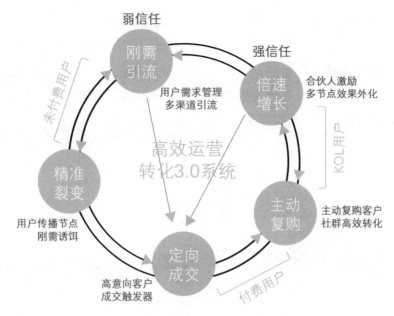

图 12　运营系统 3.0：重视用户

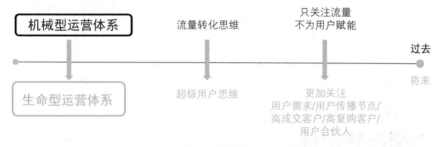

图 13　独创运营转化 3.0 系统

如何破局？

答案是使用"生命型运营系统"。

一个物种从最开始的单细胞生物，经过变异、自然选择、隔离、不断进化，直到进化为人类。而一个好的运营系统，一定是关注人的，有生命的，可以自发生长进化的。从刚需引流开始，我们就要吸引到"对的人"，精准裂变、定向成交……这些运营节点的面向对象都是"对的人"。

很多企业关注各种裂变工具、各种成交话术，却唯独忽略了最重要的因素——人。我们在运营中也会发现，一些用户有很大的影响力，一些用户有新的想法，一些用户特立独行。我们要做的就是关注各种各样的人，让他们成为你的合伙人，自发地帮助你去做引流、裂变、转介绍，让这个系统持续进化。这样才能避免"线性增长"，获取"倍速增长"。而我后来运用这套方法体系服务企业的营收结果，也验证了"运营转化3.0系统"的威力（如图14和图15所示）。

项目目标
提升网校付费用户数，提升付费转化率，搭建App端到微信生态的运营体系

项目时长
2个月

增长方向
改进App端引流与转化方式
搭建微信服务号+个人号+流量型社群+小程序的私域流量池
搭建3天体验营的运营及销售转化逻辑

项目成果
在2个月内，搭建从App端到微信生态的运营转化体系
通过体验营的方式，提升付费转化率269%
搭建私域流量的转化体系，提升用户触达率

图14　纳米盒子效果展示

项目目标
建立私域流量体系
搭建线上课程增长模型

项目时长
2个月

增长方向
公众号流量向个人号转化，建立用户分层的私域流量
搭建6+1体验课转化逻辑，成交999元的高价课程

项目成果
搭建从微信公众号到微信个人号的流量流转体系
初步搭建用户分层管理体系
提升课程付费转化率189%

图15　笔记侠效果展示

最后，如果你想搭建"运营转化3.0"系统，获得倍速增长，相信本书会对你有所帮助。

想要获取整本书的脑图，可以添加我的个人微信号"zhushaof1"，回复"脑图"获取。

目录

第 1 章
新媒体 4.0 时代带来的机会与危机

 **背 景**

　　我们身处一个急剧变革的时代，世界每时每刻都在发生着变化，可谓一日千里。在这个变化的世界里，没有永恒不变的商业模式，企业也没有永恒不变的增长模式，稍不留神，可能就会被时代所抛弃。所以，企业一定要跟上时代的变化，变则通、则兴、则生，不变则亡。

哲学家赫拉克利特（Heraclitus，约公元前530年—前470年）说过：人不能两次踏进同一条河流。他形象地阐述了其所倡导的"变"的哲学思想。在赫拉克利特看来，宇宙万物没有什么是绝对静止的和不会发生变化的，一切都在运动和变化着。

世界著名作家、大思想家斯宾塞·约翰逊也曾提出"唯一不变的是变化本身"这一内涵深刻的哲学理念，告诉我们要以一种变化的眼光来洞察事物。

阿里巴巴的创始人马云曾说，"唯一不变的是我们的变化，我们在不断的变化中求生存，在不断的变化中求发展。如果发现公司没有变化，公司一定有压力。所以我希望告诉每一个人，看看你自己的成长带来的变化……如果还想要用昨天赢的方式在今天取胜，似乎很难，一定要创新，变化中才能创新，所以我们要在变化中求生存。"

以上这些话表达的都是同一个意思：世界上永恒不变的就是所有事物都处在不断的变化之中。那么，如今我们正在经历着哪些变化呢？

1.1　从图文时代到视频时代

在信息爆炸的今天，虽然围绕在我们周围的信息数量相当庞大，但我们可以按照信息传播的载体属性将信息划分为文字、图片、音频、视频四种类型。人类接收这四种类型的信息主要依靠视觉与听觉两大感官系统。

依人类更深层次的需求来看，从文字、图片到音频，再到视频，是一个顺势而为的发展过程，如图1-1所示。

文字：阅读文字的前提是识字，读懂一句话需要将文字与符号组合成一个句子，再将句子还原到具体的语境，进行分析与理解，所以说接受文字信息是需要门槛的，并且理解成本也比较高。文字相对其他形式比较枯燥，长期阅读会感到视觉疲劳。

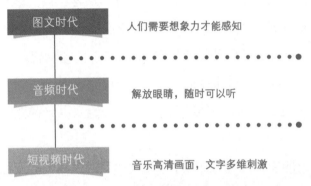

图 1-1　从图文时代到短视频时代

图片：图片较文字内容更生动，但理解起来难度较大。不过在文字中加入图片、表情、动图符号，利用图文结合的形式，不仅可以缓解人们阅读单一文字产生的疲劳，也更易于理解。

音频：音频相比图文更能契合人类的生理特性。口耳相传是人类的原始本能，"听"比"读"更舒服，更节省精力，也更能突显人格魅力。

视频：视频需要同时调动听觉和视觉两套感官系统。这就意味着，在相同时间内，视频能够传递的信息量更多，信息密度也更大。

综上，在人类接收信息的难易程度上，视频的效果最好，文字最差，即视频＞音频＞图片＞文字。

随着通信速度的提升，WiFi 设施无处不在，4G 套餐资费普遍降低，5G 时代即将来临，单纯的文字、图片、音频已经无法满足用户的需求。相比于文字、图片以及音频，视频更为生动直观，具有更高传播效能的特点，已成为移动互联网时代最好的内容载体。视频将逐渐成为移动互联网的主导内容形态之一，并在新闻、社交平台等图文媒体中取得主导地位。今天，人们对内容的需求已经进入一个新的时代——短视频时代！

1.2 流量越来越贵，私域流量越发重要

吴晓波在2018跨年演讲上提过，私域流量将是2019年的新风口。果然被他言中了，私域流量于2019年的确变得特别火，媒体几乎每天都在提及。其实私域流量一直有，为何2019年格外火？

私域流量不是新产物，由于当下的流量价格飙升，于是把它推到了聚光灯下。中国互联网飞速发展的这20年，流量的总量得到极大的提升，不管是用户数、在线时间，还是日活数，都获得了飞速增长。如图1-2所示，中国互联网络信息中心(CNNIC)2019年2月在北京发布的《中国互联网发展状况统计报告》显示，截至2018年12月，我国网民的规模已经达到了8.29亿。如此规模的流量着实让不少"增长官"兴奋，但当我看这个数字时却高兴不起来，这一庞大的数字趋近人口总和，意味着新增网民流量将越来越少。流量增速减缓的同时，加上大量新的企业还将不断涌入互联网行业来争夺用户，竞争越来越激烈，"僧多肉少"的局面导致流量价格大幅攀升，流量的低价获取成为企业发展路上一堵难以逾越的铜墙铁壁。流量如同一个蓄水池，进来的水越来越少，而取水的水管却越来越多。

当增量市场向存量市场转变，积极思考如何保住现有的存量用户以及如何找到新的流量挖掘方式，才是这个时代正确的打开方式。只拉新是完全不够的，还要充分考虑延长用户的生命周期，深度挖掘单个用户价值。如果以前是大家一起在海洋里捞鱼的时代，那么接下来就是自己养鱼的时代了。穷则思变，企业的用户经营思维必须发生改变——从传统流量收割到精细化用户运营，于是私域流量应运而生了。

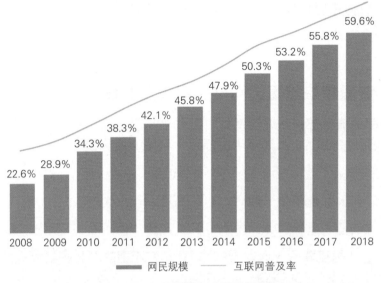

图 1-2　网民规模和互联网普及率

那么，什么是私域流量？

虽然"私域流量"经常被提及，但很多人对于私域的理解仍比较片面。他们认为"私域流量就是粉丝营销""私域流量就像微商那样经常加好友，发朋友圈"或者"私域流量就是社群营销，把会员统一拉到群里，不定期发活动信息"。简单地说，私域流量就是将公共流量平台上的流量私有化，也就是将各流量平台的流量沉淀到自己的流量池中，这些流量可以自由反复利用，无须付费，随时触达。

私域流量和公域流量有什么区别呢？

私域流量是相对于公域流量的一种概念，简而言之，就是将流量聚积在自己的流量池。虽然只有一字之差，公域和私域的流量运营逻辑却有很大差异。公域流量更侧重于选择，因为它几乎都要付费购买，这也正是它的缺点，需要为每一次流量付费。比如，百度、知乎、微博、小红书、抖音、今日头条等第三方的信息资讯平台、娱乐平台、社交平台的流量都为公域流量。私域流量具有所有权，流量是自己的，无须再次付费，可以反复使用，多次触达用户，企业可以低成本甚至零成本地实现引流和变现，为企业沉淀粉丝池，产生复购和裂变，围绕用户持续提供价值，让用户循环转化，生生不息。比如，企业的个人微信号、社群、小程序等上面的流量都是私域流量。如图1-3所示为公域流量与私域流量的关系。

图1-3　从公域流量到私域流量

私域流量是企业的无形资产

对于企业而言，私域流量是真正属于自己的无形资产。过去在流量红利时代，企业偏重抢流量要转化，不太重视用户运营管理。如今获客成本很高，新的流量又少，企业才意识到经营用户与维护老客户的重要性，所以大家都开始做个人IP（知识产权），建立自己的"私域流量池"，如图1-4所示为私域流量的优点。

以前获取流量的目的是赚取用户的一次性消费，然而现在产品同质化严重，复制速度非常快，在类似产品泛滥的情况下，用户的选择更加多样，对手今天的新顾客很可能就是你昨天的老客户。单靠产品链接顾客，这还只是停留在买卖关系的层面。哪天竞争对手推出更低价、更优质的产品，客户可能就会离开你。要想让用户付费、多次付费、介绍他人付费，这就需要企业构建私域流量池，让客户更近距离地感受企业服务，感受到企业的温度，这样彼此才能建立更深层次的信任关系。

自己所有　　　　反复触达　　　　免费试用

图 1-4　私域流量的优点

拿淘宝商家举例，过去买家购买完商品后，整个交易过程就完成了，商家并没有跟已付费用户产生主动"链接"。卖家若想再次触达该用户，主动与其联系比较困难。但如果在顾客付费后，把他拉到我们的私域流量池，比如 VIP 客户群，经常在群内与用户产生互动、做一些专属活动，同时搭建起 VIP 用户之间的交流平台，也能从别人的评价中增强对品牌的认知，这样就会形成叠加影响，此时商家与用户已从单纯的产品买卖链接上升到了情感链接。由此可见，私域流量具有即时、低成本、形式多样，以及能在很大程度上提高用户信任度等优点，所以私域流量的能量将不可小觑。

1.3　社交电商等新兴模式的崛起

在流量红利逐渐耗尽的后电商时代，基于微信生态的社交电商所带来的裂变和爆发式增长，似乎正在掀起另一场逆袭。《2018 中国社交电商消费升级白皮书》指出，预计到 2020 年，我国社交电商商户规模将达到 2400 万，市场规模将突破万亿元。也就是说，在淘宝、京东等电商巨头存在的情况下，社交平台的流量红利依旧能促使中国市场产生下一个巨头。

"社交＋电商"也逐渐成为主流的电商模式。在新形势下，人们的消费习惯与购买习惯发生了改变，总体上呈现购物时间碎片化、流量分散化的特点。于是电商的发展关键就落实到了"人"，微信、微博等社交网络把天南海北的人都聚集在一起，通过文字、图片、视频，让趣味相同的人成为朋友。因此，巨大的社交流量就此产生，也为社交电商的发展提供了基础条件。在如今这个信息化时代，社交网络中汇聚了每个人各种各样的信息，随后又通过各种不同的方式把这些信息分享给其他人，而这一过程，也为企业以及品牌提供了发展所需的流量、用户和口碑。

社交电商为何能在近两年突然爆发？社交电商是对零售行业的渠道革命，与以往中心化的流量分发方式不同的是，社交电商是去中心化的传播渠道，它让整个电商从原来的"物以类聚"走向了"人以群分"。社交电商的消费与分享行为主要由两个因素驱动：情感因素与利益因素。

情感维系打造了社群、圈层、人际关系链，也是社交电商的基础。一个品牌想要让消费者熟知它，就要请明星做代言、要在电视上做广告，这些活动都是为了建立起消费者对它的信任。

但是如果有个很好的朋友跟你说："这个东西我用得特别好，你也可以买来试一试。"虽然商家的广告从来都没有触达过你，但你还是想要买来试一试。所以，利益是形成社交电商商业模式的重要因素，消费者不仅可以自己省钱，还可以分享赚钱，商家把购买流量的市场广告费用让利给消费者，由消费者分享，进行流量裂变。因此，社交电商的本质是将消费者变为合伙人，合伙人的能力决定了用户规模和用户的复购率以及用户的扩散效率，最终决定了企业在社交电商领域能否爆发。

社交电商如此火爆，是因为其具备了传统电商不具备的优势，如图1-5所示。

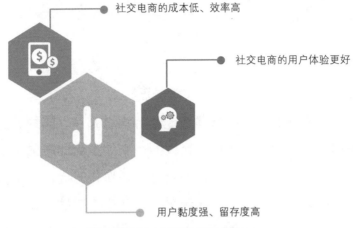

社交电商的成本低、效率高

社交电商的用户体验更好

用户黏度强、留存度高

图 1-5　社交电商的优点

（1）社交电商的成本低、效率高

相较于传统电商平台，社交电商的核心在于人与人之间的沟通，基于熟人之间的社交关系及影响力带来了更快的传播速度和更广的传播范围。这类似于口碑营销，不仅在很大程度上节省了人力、物力、时间、成本，而且能够实现"裂变"式用户增长，节约了推广成本。

（2）社交电商的用户体验更好

社交的本质是信任，只有信任才会产生交易，消费者首先要信任产品，然后才会把产品分享给熟人朋友。通过社交场景的应用，使用户获得更好的购物体验以及互动体验，进而持续购买商品。

（3）用户黏度强、留存度高

对于社交电商而言，社交网络的一个最大优势就是来自家人、好友的信任。对于社交网络中的用户来说，好友的力量是十分巨大的。因为用户可能会过滤掉很多信息，但这其中往往不包括来自好友的信息。来自好友的信息会占据用户更多的注意力，所以其他信息就会被忽略。

如果成本不是很高，那么用户是愿意根据好友的意见来进行选择的。也就是说，当社交电商的产品被其他消费者推荐给了好友，往往能够实现一波稳定的用户增长。而这些新加入的顾客，随着商家与其之间的关系不断拉近，从弱关系一步步变成强关系，用户又会再把商家推荐给其他的好友，于是裂变就产生了。尽管好友的引爆不会带来用户增长率的瞬间飙升，但裂变而来的顾客往往黏性强、留存度高，这正是其他定律所做不到的。

以不变应万变。

互联网行业发展日新月异，且瞬息万变，从图文时代到短视频时代，从重视公域流量到重视私域流量，从传统零售商到社交电商的兴起……以前，我们琢磨的是怎样才能跟上这个时代的"变"，然而现在，我们要思考的是：究竟什么才是隐藏在诸多变化背后的那个"不变"？

很多事情都处在变化中，但至少有一件事是永远不会变的：那就是人性。

流量的本质就是用户。每一次访问、下载的背后，都是一个活生生的人。商家对于人（用户）的精细化运营才是最重要的，背离用户价值做出的选择都是错误的。如果一个企业不能将自己的战略起点放在客户价值上，不能从客户获益的角度出发，就一定会惨遭淘汰。将流量思维转换成超级用户思维，将大把大把的用户数据转变成一个一个活生生的人去对待，个性化、精细化地做好每一个细节，才能最高效地驱动用户转化和活跃。

谈到这里，我们必须要理解什么是人性。"一款好的产品及运营，一定能迎合人性七宗罪中的其中之一。"这句话来自于 Linkedin（领英）的创始人，同时也是硅谷异常成功的风投家 Reid Hoffma。人性七宗罪具体所指，如图 1-6 所示。

图 1-6　人性七宗罪

当你理解了人性，就会知道自己要做怎样的产品、提供怎样的服务、如何定位、如何推广。正如"微信之父"张小龙所说："当我们在做一个产品的时候，我们是在研究人性，而不是在研究一个产品的逻辑。"

根据这两个层面上的"不变"，我们应该站在用户角度思考商业问题、站在人性角度做出判断，而不是迷恋于创造各种"自嗨"却没有客户价值更无法打动人性的产品与服务。因此，对于企业而言，就是要把握住所在行业或整个商业的"不变"法则，将它做到最好，以"不变"应"万变"。

第 2 章
企业高转化运营体系的 5 个关键点

背景介绍

　　无论是在互联网公司还是传统企业，运营的终极目标都是为了增长，灵光一现的创新可能会让产品火爆一时，但不会持久。企业想要得到更大规模、更长久的发展，必须要搭建可持续增长的运营体系，找到合适的增长路径，实现用户的可持续增长。

　　最近两年，虽然炒作"私域流量"概念和谈论"增长黑客"的人不少，但是在业内能够得到广泛认可的增长体系几乎没有，这也就导致了一些"运营官""增长官"等空有增长学习的意识，而完全不知道该如何落地。本章将具体讲述通过搭建一套完整的"高效运营系统"来帮助大家更深刻地理解如何实现企业的可持续增长，如何解决流量获取成本过高、成交转化率低、复购率低、没有私域流量池等问题，如图2-1所示；同时提升转化率，持续把产品/服务卖爆，成倍提升公司业绩，实现利润翻番，高效产出现金流。

图 2-1　企业运营系统存在的问题

2.1　搭建运营转化 3.0 系统

在多年的企业咨询过程中，我发现每一个成功的背后，无一不是基于一个至简的"道"—— 重视用户。我深知，用户不是一个冰冷的数字，更不是"流量"，而是一个个有情感、鲜活的个体。一个品牌，要想有生命力，一切运营转化动作，一定是以用户为基点。基于这种"重视用户"的理念，我结合自己曾在 360 智能硬件部门两周引流涨粉 33W 的用户增长经验，以及在跟谁学商学院单月营收超百万元的运营转化方法，同时在上千万元营收成绩的验证下，研究出了一套"搭建运营转化 3.0 系统"的方法论。为帮助大家理解，下面分别介绍一下运营系统 1.0、运营系统 2.0 与运营系统 3.0。

运营系统 1.0：重视流量

在介绍运营系统 1.0 之前，首先说一个大家已知道的公式：如图 2-2 所示，销售额 = 流量 × 转化率 × 客单价。流量，即到访客户的数量；转化率，即成交客户的比例；客单价，即每个客户消费多少钱。

销售额=流量×转化率×客单价
单一成交思维，流量流失高

图 2-2　运营系统 1.0 重视流量

在运营系统 1.0 体系中，企业重视公式中的流量，关注快速成交，错误地认为引流就是买流量，成交就是卖正价产品，因此忽视了流量进入之后用什么平台承接、如何让同一个客户多次成交等细节。这种单一成交思维，可能会导致流量的有效利用率低、转化率低、无复购等问题。

引流不等于买流量（真流量思维 VS 假用户思维）

如果问"增长官"用户思维和流量思维哪个最重要？大部分人都会回答用户思维更重要。但实际他们口中的"用户思维"只是说说而已，观察他们的工作方式就会发现，大部分人仍在使用流量思维。因为在流量思维驱使下"买流量、卖产品"的打法足够简单，只要流量足够多，转化率低点也无所谓。他们用大把的钱拿来买流量，因为不买流量，生意就很难继续。

但如今这种"买流量、卖产品"的打法已经失效。一方面，流量成本越来越高：随着互联网人口红利消失，市场竞争加剧，导致流量平台都赚得盆满钵满，相反大部分企业却陷入流量困境，在生死存亡的边缘上苦苦挣扎；另一方面，投放效果越来越差：不管是搜索引擎，还是信息流、网盟，或是首页、开屏、转化率下滑的都很明显，用户留存也不理想，ROI（投资回报率）远达不到 KPI（关键绩效指标）要求。企业在不能够保证超高转化率的情况下，买流量的成本已经大于利润，着实是个亏本买卖。

一位投资经理说："前几年手头宽松的时候，投了不少项目，现在发现那些依赖买流量的项目基本上都死了。不赚钱的项目，不能自我造血的项目，现在我们都基本不看了。"这对想融资买流量的公司而言，无疑是个噩耗。

成交不等于卖正价产品

一切成交都源于信任，在运营系统 1.0 体系中，企业只关注于卖正价商品，而忽视了成交是一个信任递增的过程，在没有任何信任基础的情况下，买来的流量很难成交正价商品，最终就导致了流量浪费。

对大多数企业来说，烧钱买流量、卖正价产品的策略并不可持续，于是企业开始转变思维，向运营系统 2.0 迈进。

运营系统 2.0：重视流程

与运营系统 1.0 单一的重视流量相比，运营系统 2.0 更加重视流程，如图 2-3 所示。

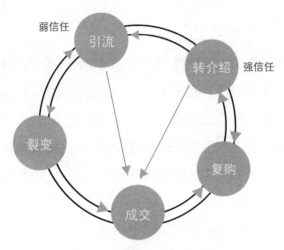

图 2-3　运营系统 2.0 重视流程

在影片《杜拉拉升职记》中，人力资源负责人在对新人培训时讲过一段话值得深思："在 DB（Date Base，即资据库）全球五百强企业，做什么事情都要有 SOP，也就是管理上我们常说的'标准作业流程'。简单地说，一个人在 DB 企业走路是先抬左脚，还是右脚，每次抬多高，每步花多长时间，都是可以在 SOP 里找到依据。"有一套完整的 SOP 固然是好事，但运营体系 2.0 过于强调流程本身，只关注员工的行为，而忽视了用户的能力以及如何激发用户的自发行为。

运营系统 2.0，企业管理者用系统化思维搭建了一个由引流—裂变—成交—复购—转介绍五个流程组成的运营体系，并且不断地梳理、优化

SOP，让所有的运营动作都有章可循。值得高兴的是他们终于意识到企业增长不仅仅可以依靠引流和成交，还可以通过裂变、转介绍、复购等方式实现企业增长。

运营系统 2.0 是一套机械性运营体系，其好处在于稳定，坏处也同样是稳定。在运营体系 2.0 思想指导下，可以预测到能够进入多少流量、成交多少用户，但是流量很难出现指数型增长，所以整体的营业额也很难有大幅度提升。

运营系统 3.0：重视用户

区别于运营系统 1.0、运营系统 2.0 的流量转化思维，只关注流程，不为用户赋能，运营系统 3.0 更重视用户，如图 2-4 所示。可以预见的是，企业获取一些流量，再乘以转化率，最后的转化一定是"线性增长"。但如果企业想要更上一层楼，做到"倍速增长"，这样做肯定难上加难。如何打破这种局面？答案是搭建运营系统 3.0，构建"生命型运营系统"。

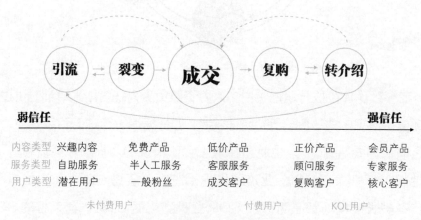

图 2-4　运营系统 3.0 重视用户

运营体系 3.0 将上文提及的公式：销售额 = 流量 × 转化率 × 客单价进行了转变，如下所示：

销售额 = 流量 × 转化率 × 客单价 × 复购数

公式中加入了一个重要的变量就是"复购数"，对于任何一个商业模式而言，复购率都是重中之重，甚至可以断言，没有复购的商业模式都必将把大量的利润让利于渠道，而自己的利润率将会越来越低，没有复购等于慢性自杀！如图2-5所示为不同复购数对营业额的影响。

公司类型	流量	转化率	客单价/元	复购数	年营业额/元
培训机构	10000	10%	10000	1	1000万
咨询机构	10000	10%	10000	12	1.2亿
知识付费	1000000	10%	99	3	300万
电商产品	1000000	10%	99	12	1200万

图2-5　不同复购数对营业额的影响

如果想提升复购率、客单价、触达率，就一定要搭建完善的持续增长运营体系，建立自己的私域流量池。从而对用户进行低成本的多次触达，让用户不断提升对品牌的信任感，这样才能提高他们的重复购买意愿，甚至购买更高定价的产品。

为了业绩提升，大部分"增长官"只关注横向增长，也就是增加流量，流量多转化也就多。如今，流量不容易获取，成本越来越高，企业更应该关注单个流量的纵向利用深度，实现单个客户的多次触达，提高每一个节点的转化率，让每一个流量的价值实现最大化。只要转化率足够高，我们就可以不断扩大流量入口，实现低成本获得可持续流量的终极目标。

很多聪明的"增长官"已经开始"两条腿走路"，"一条腿"是在原来的渠道上继续花钱挖掘想要的流量；"另一条腿"是不断将粉丝私有化，沉淀下来形成自己的私域流量池。不断挖掘流量池里的潜在用户，通过好的产品、服务和互动来促进用户进行更多的复购，同时还可以通过裂变分享让老客户带来更多新客户，通过这种方式会不断地把用户积累在自己手里。

关于增长常见的四大误区

误区一：引流 = 买流量

相对于自己做内容、做活动引流，人们更愿意把投资人的钱烧到流量平台上做广告，如线下广告、信息流广告等。广告做了肯定会有效果，但是现在流量红利期已过，流量成本越来越高，靠买流量很难获得可持续发展。

误区二：用户增长一定是越快越好

"增长官"的职责是将用户贯穿在产品的整个生命周期之中，实际上在业务不同的生命周期，增长的策略也是大不相同的。比如，在产品发展初期，应该聚焦的是怎样找到满足用户需求的核心功能，如果这个阶段盲目地做大量增长，没有做好用户体验，最后，终将发现那似乎要"火爆"的产品仅仅是昙花一现。

误区三：流量暴涨，但没有系统承接变现

针对企业获取流量存在的问题，可以将其分为两大类，第一类是运营体系 1.0，永远缺流量，一直在烧钱买流量，但不知道如何引流；另一类是运营体系 2.0，可能通过活动、裂变获取了很多流量，但是不知道如何提高转化率。企业为了获取更多流量，投入了大量的人力、物力、财力，并花费大量精力去做促销活动，终于等到了流量暴涨，却没想好如何从这些泛流量中挖掘出潜在用户，再把这些潜在用户转化为真正能产生消费的客户，导致最后真正买单的寥寥无几，转化率可能都不足 5%，造成了非常严重的流量浪费。究其原因，是企业没有搭建好可持续增长的运营体系，员工不具备系统思维。

误区四：增长 = 裂变

很多人认为增长就等于裂变，只要裂变做得好，就可以实现增长目

标。但通过裂变进入的客户大多都没有经过精准筛选，如果不对其进行核心用户筛选、对核心用户进行精准化运营，很容易造成转化率低、复购率低、转介绍率低，最终增长目标就难以达成。以下进行具体阐述。

第一，用户转化率低。还没进行转化、变现，用户就流失了。不仅没有带来增长，甚至拉新、裂变时砸的钱也都打水漂了，可以说是赔了夫人又折兵。

第二，用户复购率低。复购可以降低获取新用户的压力。在如今获取客户成本高涨的情形下，没有复购是非常致命的。

第三，用户转介绍率低。转介绍可以理解为口碑裂变，它是裂变中最高级的一种打法。如果不注重用户的精细化运营，很难实现转介绍，实现口碑裂变。

想要突破当下增长瓶颈，不能局限于裂变这一个环节，需要的是全新的思路和系统打法。

2.2 高转化运营体系的 5 个关键点

一、刚需引流

在介绍刚需引流之前，首先帮助用户问三个问题，如图 2-6 所示：第一，你是谁？第二，有何不同？第三，何以见得？只有先做好自我定位，才能定位目标用户。

你是谁：什么品类 / 心智预售。在今天这个竞争时代，信息泛滥，用户有很多的选择，但用户的心智非常有限，不能记住太多产品、品牌，任何在顾客心智中没有位置的产品终将会消失。要想在激烈的竞争中取得优势，一定要先明确你的产品属于哪个品类，如何被用户认知，如何进入用户心智，如何让用户优先选择。

图 2-6　帮助用户问三个问题

有何不同：什么定位，那又如何。找到自己的差异化定位，找到除了你有而其他对手都没有的优势。

何以见得：信任状是什么 / 特性多角度证明。从多个角度，深入市场，去证明你的优势，取得用户信任。

如图 2-7 所示，刚需引流的关键不是渠道，而是要清楚精准用户是谁、用户在哪里、用户喜欢看什么内容。这三个核心问题弄清楚之后，你就会明白如何去将新用户拉到自己的平台上。

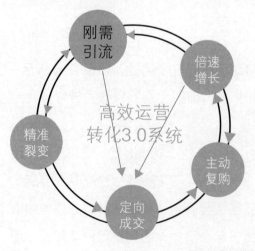

图 2-7　刚需引流

第一：用户是谁？

你的用户是谁，核心用户是哪一类人？你的产品满足用户的真实需求是什么？再问得深入一点，这个需求是用户真正需要被满足的需求，还是我们为了研发产品而臆想出来的需求？

第二：用户在哪里？

知道用户在哪里，是为了找到合适的推广渠道，核心目标用户经常出没的地方，就是你要去做拉新的地方，当然，这一定是那些高质量的用户所在的地方。现在流量比较大的渠道有知乎、抖音、微博、小红书等。基于业务和行业的不同，还有的核心用户所在的渠道为论坛等，所以要根据你的核心用户的属性和用户需求去寻找渠道。

第三：用户喜欢看什么内容？

用户喜欢看的内容，就是我们制作出来宣传推广的内容。为了满足用户的需求，解决他的痛点，制作出的内容一定是基于用户的需求，内容可能是一篇文章、一次活动、一个社群、一个训练营等，同时还要放开思维，千万不要局限于"内容＝文章"的框架里。特别要强调一下，刚需引流的内容一定是要满足低成本、高价值、可持续这三点要求。

二、精准裂变

如图 2-8 所示，精准裂变的关键不是裂变工具，而是你能否把裂变从活动变成持续性的动作。很多人对裂变的认识存在误区，错误地把裂变当成是一场活动，而实际上裂变应该是整个运营体系中的一环，是一个要持续去做的过程。企业如果要追求持续性增长，就一定要掌握裂变的底层逻辑，设计好裂变流程，把每个环节都流程化，裂变才可以源源不断地做下去。在这个裂变流程中，要注意两个关键点：一是，裂变的诱饵一定是目标用户需要的"爆品"；二是，找到适合做裂变的人，具体内容将会在第 4 章详细讲述。

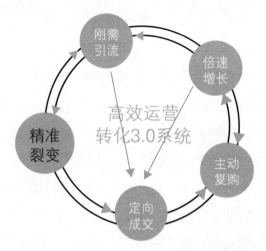

关键不是工具：而是你能否把裂变
　　　　　　　从活动变成持续性动作
裂变诱饵十分关键：准备好你的爆品
裂变的关键节点人物：你找到了吗？

图 2-8　精准裂变

三、定向成交

如图 2-9 所示，定向成交的关键不是成交话术，而是你能否找到容易成交的客户，把用户沉淀到在自己的私域流量池（服务号＋个人号＋社群＋小程序），并运营好私域流量池。运营好增强信任 9 要素，提高成交转化率。具体内容将会在第 5 章详细讲述。

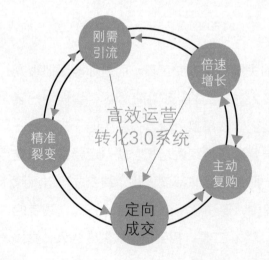

关键不是成交话术：而是你能否找到
好成交的客户
运营好你的私域流量池：服务号+个人号
+社群+小程序
提升转化率：增强信任9要素

图 2-9　定向成交

四、主动复购

如图 2-10 所示，主动复购的关键不是复购，而是找到容易复购的人。通过 RFM 模型（衡量客户价值和客户创利能力的重要工具和手段），根据用户的消费频次、消费时间、消费金额对用户进行分层管理，找到容易复购的人。

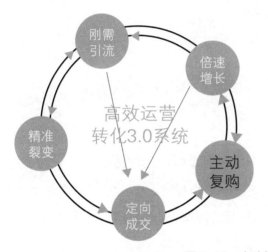

关键不是促销方案：而是你能否找到主动复购的人

用户分层管理：RFM模型

用户激励体系搭建：给予每个用户行为权重，做积分和排行榜

图 2-10　主动复购

五、倍速增长

如图 2-11 所示，倍速增长的关键不是给予用户金钱分销，而是让用户成为你的合伙人。借助用户分层管理、用户生命周期管理、用户激励机制等科学的用户管理体系对用户进行精细化运营。重视老客户的服务与维护，提升他们的满意度，从而提高老客户的转介绍率，实现倍速增长。

在高转化的运营体系中，每个环节都对应着不同的用户类型、内容类型以及服务类型，这些不同的类型是由什么决定的呢？

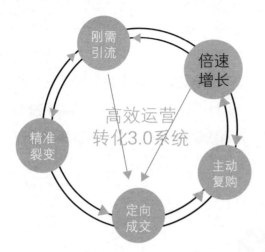

关键不是给予用户金钱分销：而是让用户成为你的合伙人

不断提升客户满意度：用户生命周期关键节点效果外化服务回访体系

搭建用户激励体系：促进转介绍

图 2-11　倍速增长

1．用户类型。

在高转化的运营体系中，用户经过五个阶段的筛选和进化：潜在用户——一般粉丝—成交客户—复购客户—核心客户。

1）刚需引流—潜在用户：对产品、品牌刚产生兴趣，但没有进一步连接；

2）精准裂变——一般粉丝：被裂变诱饵吸引，有转发行为；

3）定向成交—成交客户：完成对产品和服务的交易行为；

4）主动复购—复购客户：完成信任转化，多次复购；

5）倍速增长—核心客户：成为品牌的口碑放大者和连接新用户的渠道。

2．内容类型。

可依次分为兴趣产品—免费产品—低价产品—正价产品—会员产品。

用户从对产品感兴趣到成交、复购、转介绍，是信任度不断递增的过程，这就需要我们在每个环节提供给用户的相应产品、服务都能让用户产生信任感。

1）刚需引流—兴趣产品—自主服务。内容通过宣传推广让用户产生兴趣，吸引潜在顾客关注。由于这阶段用户量大且不精准，所以应进行自主服务。

2）精准裂变—免费产品—半人工服务。用于裂变的诱饵通常是可以免费领取的，一般是干货包或者试用装等跟产品属性相关的产品。比如，教育机构的育儿产品（一段学习视频、一份免费的报告），化妆品试用装等。只有让用户了解产品的价值，才能取得他们的信任，这样才会产生成交行为。借助裂变工具，可对这部分粉丝进行半人工服务。

3）定向成交—低价产品—客服服务。这类产品通常是一种价格很低的产品，目的是为了获取潜在顾客的信任。当顾客使用这个产品以后，就能快速增加他们对企业的信任。

4）主动复购—正价产品—顾问服务。当客户使用过我们的产品之后，可以继续向这些顾客销售其他高利润产品，同时为其提供顾问式服务，刺激用户进行多次复购。

5）倍速增长—会员产品—专家服务。当客户的满意度比较高，对产品产生认可后，通过激励机制、会员产品等方式，把用户发展成为合作人，为合伙人提供专家式服务。

要想实现企业的持续增长目标，我们必须将流量思维转换成超级用户思维，构建生命型运营体系，将大量用户数据转变成一个个活生生的人去对待。个性化、精细化地做好每一个细节，才能提高用户的满意度，让更多的忠实用户成为我们的"合伙人"，为我们做免费的口碑传播，带来更多的精准客户。

第 3 章
刚需引流：让用户主动过来找你

 **背景介绍**

据国家网信办 2019 年 5 月 6 日发布的《数字中国建设发展报告（2018 年）》显示，截至 2018 年年底，我国网民数量已达 8.29 亿。

各大平台的流量之争其实可以看作是一场"时间争夺战"。3G 移动互联网时代，微信和传统媒体的竞争实质是争夺用户的时间；4G 短视频时代，抖音和微信竞争也是在抢占用户刷屏的时间。从流量池的角度出发，微信是腾讯的私域流量池，抖音是今日头条的私域流量池，但对于大多数公司而言，很难也没有能力建立像"微信""抖音"一样的超级流量平台。实际上我们所说的引流就是抢占用户停留在各大流量平台的时间，将用户从公域流量平台吸引到自己的私域流量池。

5G 时代的到来，将会对引流产生什么样的影响呢？5G 的到来将会催生哪些新的流量平台？用户的使用时间、兴趣、习惯等将会发生怎样的变化？这些都是我们无法预测的，就像当年对 4G 的预测一样，人们的确可以从发展趋势上看出一些端倪，但都太缺乏想象力了。人们预测出 4G 可能让移动终端看视频更加方便，但没想到 4G 带来了短视频的全面爆发。人们预测到 4G 有利于普及移动支付，虽然当时的理想方式是手机绑定信用卡加上NFC，但没有人想到靠网络加二维码这么简单的支付方式真的就能取代现金。

无论通信技术的发展对于平台将带来怎样的影响，我们只要掌握引流的底层逻辑，知晓用户思维，用户就会主动过来找你。

3.1 学会这几点，让你的引流内容源源不断

无论你是刚入职场的互联网小白，还是工作多年的运营大牛，也不论你从事什么行业，始终都绕不过"如何引流"这个难题，因为对于企业来说流量从不嫌多。那么何为引流？简单来说，引流就是把其他平台的流量引到自己的私域流量池中。

互联网中的红利让人难以捉摸，为了吸引流量，很多平台策划了各种营销方式轮番"轰炸"客户，但最终只是赔本赚吆喝，并没有从流量红利中获得半点利润。如今，获取流量的成本日益增加，让盲目获取流量的行为已无法延续，要想在这场"流量战争"中取得最终的胜利，需要我们掌握引流的底层逻辑。

◑ 3.1.1 平台在变，引流的底层逻辑没有改变

无论引流平台发生怎样的变化，但底层的逻辑没有改变过。首先，我们要知道潜在用户是谁？他们在哪里？需要什么？针对用户的痛点以及感兴趣的点，再持续输出内容，这些是所有平台引流的关键。熟悉平台规则与红利，掌握好引流的核心能力，扎实地打好基础，才能以不变应万变。接下来用一个图式具体拆解引流，如图3-1所示。

第一，明确潜在用户是谁，确定用户标签。

引流的前提是确定潜在用户群体，做出用户画像。只有知道我们的用户是谁，长什么样子，才能对其进行精准内容的投放。用户画像的核心工作就是给用户打标签，标签通常是根据产品、项目的具体情况，人为地规定出高度精炼的特征标识，如具体对象（互联网工作者、政府公职人员、教师、学生等），对象细分（互联网运营菜鸟、运营经

理、首席"增长官"），年龄（20~25岁、25~30岁），地域（省份、城市，甚至具体地区或公司），性别，学历，兴趣或受教育程度等，把这些标签集合起来，就能得出一个用户的信息全貌。

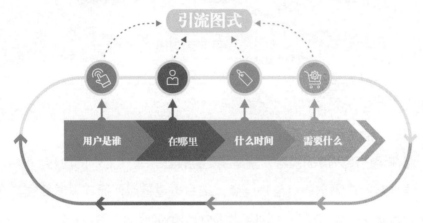

图 3-1 平台引流图式拆解

第二，找到用户在哪里，确定精准引流渠道。

知道用户在哪里，是为了确定精准的引流渠道，可以把核心目标用户经常出没的地方，理解为你要去做引流的公域流量池。当然，这里强调的精准引流渠道指的是高质量用户或者潜在用户集中的流量平台。现在流量比较大的渠道有知乎、小红书、抖音、微博等。

第三，用户什么时间活跃，找准时机。

简单来说，就是内容发布的最佳时间应该是用户活跃高峰期，在这个时候发布的内容，更容易引起用户关注。在一天中，用户活跃高峰期如图 3-2 所示。

7∶00～9∶00：这个时间段大多数人在上学或者上班的路上，常会刷刷手机，看看新闻资讯等。

12∶00～13∶00：工作也好上学也罢，忙了一上午，终于可以歇下来，趁着午休时间，拿出手机翻翻自己感兴趣的内容，放松一下。

图 3-2　用户活跃时间

21：00 ~ 22：00：人们放学或者下班后，终于可以躺在床上玩手机。

第四，清楚用户需要什么，投放精准引流内容。

潜在用户感兴趣的内容，就是我们制作出来宣传推广的内容。

要针对用户需求痛点与兴趣点，结合渠道特点，抓住渠道红利，"撒种子、过筛子、设钩子"，保证对用户输出高价值的内容。

● 3.1.2　引流运营 = 撒种子 + 过筛子 + 设钩子

引流其实并不复杂，可以把引流运营分解为三个部分："撒种子"吸引用户、"过筛子"筛选用户、最终通过"设钩子"链接用户，如图 3-3 所示。

图 3-3　引流运营的构成

"种子"可以是一篇文章、一段视频、一张思维导图，一切能承载内容的载体都可以称之为种子。放开思维，千万不要局限于"种子 = 文章"的思维框架里。在"撒种子"之前，我们可以通过"过筛子"的方式，一方面筛选出潜在用户感兴趣的内容作为"种子"；另一方面筛选出潜在用户集中的渠道投放"种子"，从而保证通过"种子"吸引来的用户更加精准。接下来，就是最重要的一步"设钩子"，"钩子"简单地说就是可以把粉丝从公域流量池吸引到私域流量池的介质。"钩子"可以是二维码、手机号、微信号等，一切能让潜在用户与我们产生链接的介质都可以称为"钩子"。

"种子"要撒到公域流量平台。按照平台性质分类，可以将常见的流量平台分为以下 8 大类。

（1）视频平台：腾讯、爱奇艺、优酷、搜狐、B 站（哔哩哔哩）

（2）短视频平台：快手、抖音、火山、西瓜

（3）直播平台：映客、花椒、一直播

（4）音频平台：喜马拉雅、千聊

（5）自媒体平台：QQ 公众平台、UC 自媒体平台、简书、熊掌号、头条号、企鹅媒体平台、搜狐公众平台、一点号、百家号、网易号

（6）社交平台：微信、QQ、钉钉、微博

（7）问答平台：知乎、分答、百度问答、360 问答

（8）论坛 / 贴吧平台：百度贴吧、天涯、豆瓣、西祠胡同、杭州十九楼、重庆得意生活等地方性论坛，金融、理财、母婴、育儿、汽车等垂直领域论坛

● 3.1.3　学会这五点，让你的引流内容源源不断

引流平台多元化给运营者带来机遇的同时，也增加了他们的工作量。比如，今天呈现了爆款文案，明天就想不出内容了；今天还被粉丝追捧，明天就被骂江郎才尽，于是整日疲惫不堪。之所以写不出来内容主要是因为素材匮乏，掌握以下 5 个方法，让你摆脱无法稳定输出内容的烦恼。

1. 善用追热点的工具

我们常说的追热点，解释得通俗点就是能让用户流量在某段时间内聚集。因为人都有好奇心，所以热点事件的发生往往会引起大多数人的关注。虽然说抓住热点就等于抓住流量，但不是所有的热点都要追，一定要结合产品的属性，去找有可能会火"爆"的选题，输出符合品牌调性的热点内容。

推荐大家追热点的 5 个必备工具，如图 3-4 所示。

搜索风云榜　　搜狗热门榜　　微博热门榜　　微信指数　　新榜指数

图 3-4　追热点的 5 个必备工具

2. 善于收集问答榜

我们可以通过知乎问答、百度问答等平台，收集到目标用户关注的问题，通过研究问题找出答案，将答案整合成一篇完整详细的文章，以此吸引更多目标用户。

3. 收集用户意见

不管做什么产品，商家都要看重"用户体验"。我们输出的内容就跟产品一样，我们要与用户保持积极互动，用心留意用户对文章的留言和评论。

文章结尾处的留言区相当于一份对文章内容质量满意度的调研问卷，如果输出的内容能够引起用户共鸣，引发用户点赞、转发、甚至留言分享自己看完文章的感受，这无疑是对内容最大的肯定，之后我们的内容就可以沿用这些文章的主要写作套路。如果用户反馈不好，我们就应该思考是内容的主题方向有问题？分析得不够有深度？还是表达有问题？然后吸收用户的意见，避免下次出现错误。

4．竞品调研

这里的竞品调研指的是分析竞品会在哪些渠道进行引流，引流的内容有什么特点。也不一定是竞品，只要目标用户群体一样就可以了。我们要研究粉丝量大的账号，接下来做的就是模仿和超越了。

5．优质内容多平台复用

通过以上4个方法，可以获取到大量的优质内容，将这些内容制作成视频、音频、文字、图片等，然后进行多平台分发。比如，抖音平台上用户感兴趣的视频可以同步到快手、朋友圈、微博等平台，进行全平台分发，视频的文字稿也可以变成软文进行分发；用户关注的热门问题可以整理成软文，还可以根据软文内容改编成短视频脚本进行多平台分发。

● 3.1.4　关注引流平台发展趋势

1．短视频成为争夺用户注意力的利器

所有引流内容的传递主要依靠文字、图片、视频这三种载体，按照人类获取信息的难易程度把这三种载体由易到难进行排序：短视频 > 图片 > 文字。虽然人类对于文字、图片的内容获取源于视觉系统，但由于文字阅读的过程需要把文字转化为语言进行理解，多了语言处理的步骤，所以大家对于文字内容的接收比较困难。

相较于大段无趣的文字，由色彩、图形等组成的图片会更具吸引力，提高了人们的阅读兴趣与阅读效率，这也是漫画一直很火的原因。

短视频则将大量的图片连接起来，调动了耳朵、眼睛两大信息接收

器，刺激了人类的听觉与视觉，所以短视频比文字、图片更易于接受。用户注意力由图文阅读向视频观看转移是必然趋势，视频如今也成为商家争夺用户注意力的利器。

2．平台红利让引流更轻松

每个平台在成长时都有红利期，抓住平台红利期可以让我们的流量爆发式增长，让引流工作更加轻松高效。2009 年，抓住微博红利，你就是大 V；2010 年，抓住淘宝红利，"躺"着就能赚钱；2013 年，抓住微信公众号红利，你就粉丝过千万；2018 年，抓住短视频红利，你就是超级网红。

但就算赶上流量红利，也不意味着随随便便就可以成为超级大 V，还需要我们深入研究平台官方推荐机制、平台规则，对调整后输出的内容方向、推送的时间、引流的"钩子"等进行优化。

3.2 微博：微指数！微话题！微博抽奖！

● 3.2.1 微博还有流量吗？

微博自 2009 年上线至今，流量一直是有增无减。很多人在微博上刷热搜榜，看娱乐新闻，当下热门事件也正是微博强社交媒体属性的体现。甚至有人把微博当成百度来使用，搜美食菜谱、找穿搭灵感、找旅游攻略、挖追剧资源，你感兴趣的内容微博上应有尽有。相对于微信朋友圈"熟人网络"，微博上的用户则更具有隐匿性，由此产生了一大批在朋友圈"装死"，却在微博"放飞自我"的用户。

虽然近两年唱衰微博的声音不断，但似乎只是假象。如图 3-5 所示，新浪微博数据中心于 2019 年 3 月 15 日发布最新《2018 微博用户发展报告》显示，截至 2018 年第 4 季度，微博月活跃用户增至 4.62 亿，连续三年增长 7000 万+，并保持稳定；与此同时，截至 2018 年 11 月，微博大 V 增至 4.73 万，同比增长 60%（大 V 定义：粉丝规模 >50 万或月阅读量 >1000 万的用户）。由此可见，微博隐藏着巨大的流量。因此，对于企业来说，微博依然是一块不可失守的重要阵地。

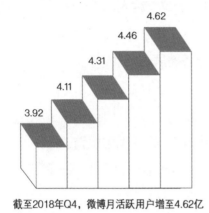

截至2018年Q4，微博月活跃用户增至4.62亿

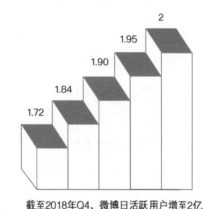

截至2018年Q4，微博日活跃用户增至2亿

图 3-5　新浪微博用户规模

3.2.2　为什么你发的微博搜索不到？

为什么有些人发一条微博就能很快被搜索到。为什么有些关键词自己却怎么都发不上去。这是因为他们的账号权重比你的好。

微博的权重是一个既神秘又重要的东西。大家都知道，如果一个网站权重越高，在搜索引擎所占的分量就越大，在搜索引擎的排名也将更靠前。

微博用户权重和网站权重是一样的，如果用户的权重越高，那么微博搜索占的分量就越大，他的搜索排名就越靠前，流量曝光度也会更大。下面跟大家分享一下微博权重的潜规则。

微博高权重账号有以下 5 个特点：

1. 注册的时间长。

2. 更新的频率快（每天发 5 ~ 10 条，每条间隔半小时以上）。

3. 图片的质量高，经常发九宫格图文。

4. 会员的等级，如果你的账号是 VIP 级别，那么你的账号权重就相对比较大。

5. 认证：微博已上升为黄 V、蓝 V、金 V、达人。

权重越大，他能够发的关键词也就越多，并且能马上被微博收录。

此外，注意以下 8 点，就能够避免微博被屏蔽。

1. 微博上永远不要放二维码及提到与微信相关的推广，否则会减少 50% 权重。

2. 微博上不要放外链，否则会减少 20% 的曝光与权重。

3. 不要重复发你关注人的微博信息，换句话说就是不要抄袭或粘贴别人的微博文案。

4. 不要在同一段时间内，不停地发微博。

5. 账号不要不断地蹭热点关键词。

6. 不要频繁地关注别人。

7. 不要经常删除自己的微博内容。

8. 同一个手机不能登录超过 5 个微博账号，而且不要频繁切换微博账号。

没有遵循以上这些方式，很容易被微博降权。

● 3.2.3　三招轻松搞定微博引流

要善用微博指数工具

微博指数是一种能测试关键词访问量的工具，也是做引流非常得力的帮手。如果大家想做一个关键词，那么在做之前你必须知道这个关键词在微博一天的搜索量，如果你想做的关键词没有搜索量，那你做了也等于没做，既浪费时间又浪费精力，还没有效果。

如图 3-6 所示，搜索"减肥"一词，通过这个软件我们就能知道"减肥"这个词每天大概有一百多万人在搜索。我们不仅仅知道这个数据，还能清楚地知道搜索"减肥"的人大概是在每餐前后进行搜索的。通过这个数据分析我们就可以把每天发微博的时间定是在餐后。所以这个工具用好了，你将会少走很多弯路。

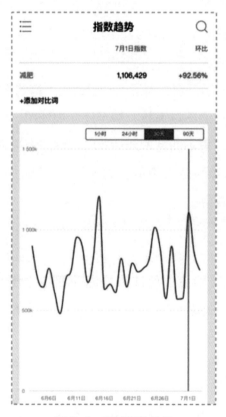

图 3-6　微博指数分析

微博话题引流

每次打开微博，看到有些热门话题的阅读量达到上千万甚至过亿，看着这些流量你是否心里面感到不平衡。如果你也想要自己企业品牌发起的话题量能达到这么高，那么可以参照以下两点：

首先，要预知潜在的热门话题。

预知潜在的热门话题是要有技术含量的。

这就得要求你要多看新闻，研究即将会发生什么事情。

建议你多关注一些娱乐类和社会热点类的关键词。

其次，要遵守规则。

由于微博话题开放了合作渠道，因此只要你付费就能上热门，但是这个费用是比较昂贵的。

如果是自己做的话，那就得遵守一般话题上榜的规则，带有太明显的广告功能的话题不仅通不过审核，甚至还会被处罚。所以你可以慢慢来，先成为话题主持人，再不断地刷新话题的内容或者邀请更多人前来参与，等有热度了就会自然而然吸引更多的人关注，那时不妨顺便打个广告，也借此实现了营销效果。

抽奖引流

微博抽奖可以帮助企业低成本快速获取中心化流量，并进一步创造社交话题。说到抽奖，不得不提两个可以堪称教科书级别的抽奖刷屏案例。

1. 支付宝锦鲤

此次支付宝事件的背后离不开微博整体传播语境所带来的巨大流量和聚合能力，凭借大流量活动基础引发用户不断互动参与，持续放大活动声音。

2018 年国庆节期间，支付宝为推广出境支付，联合数家品牌提供奖品，在微博上发起转发抽奖活动。在转发的粉丝中通过微博抽奖平台抽出一位幸运用户，获赠评论区全球大牌和支付宝合作商户提供的免费环游世界，吃喝玩乐购出境游一条龙免单大礼包，即所谓"支付宝锦鲤"。支付宝在没有任何提前预热的情况下，在微博进行冷启动，但却凭借当下年轻人语境中的关键热词，通过微博转发抽奖、联动传播的形式登上微博热搜，如图3-7所示，最终活动收获了400多万转评赞、2亿多曝光量，创下了诸多社交媒体传播新纪录。开奖后，中奖用户"信小呆"一夜之间暴增百万粉丝。

图3-7　支付宝锦鲤活动

此"锦鲤"之后，各种"锦鲤"如雨后春笋般出现。微博、头条、知乎、抖音等各平台纷纷重复渲染，放眼望去，全国各地都在寻找

"锦鲤"。

据知微大数据分析，仅在微博平台上，一周内就有至少587条锦鲤式抽奖转发微博，由此开启"锦鲤年"。以至于到2019年春节，微博官方直接开启"锦鲤模式"。

锦鲤式抽奖也让微博抽奖平台大放异彩。微博上这个最基础，也被认为最没有操作门槛的工具，在2018年度获得了从未有过的高关注。人们第一次发现，微博抽奖平台还可以做成这样。

2. IG夺冠王思聪微博抽奖

王思聪为了庆祝IG夺冠，发布了一条奖金高达113万元的抽奖微博活动，最终创下100多万的转发记录，如图3-8所示。看之前IG夺冠，王思聪做的活动就能明白，这种转发活动的方式能在短时间内形成扩散式引流，简单又足够有效。

图3-8　IG夺冠王思聪微博抽奖

微博抽奖该怎么玩儿？

微博抽奖需做好以下4个准备步骤，如图3-9所示。

内容准备 　　 奖品设定 　　 大V合作 　　 发送时间

图 3-9 微博抽奖准备步骤

1. 内容准备

微博抽奖前期的物料准备主要包括：文案和海报。文案中要特别注意话题设计，微博话题是打响活动的第一枪。因为微博是一个以娱乐为导向的平台，所以在设置话题时一定要增强娱乐性与传播性，弱化商业性。海报设计在整个活动中也是不容忽视的一个环节，一张定位准确、抓人眼球的海报能够给路人留下深刻的印象，虽然它可能没有引来消费者，但是肯定能够提升你的知名度。

2. 奖品设定

现实生活中，地上掉了一角钱可能没有人会去捡它，但是在微信抢红包里面抢了一分钱都会有成就感，这也是人的正常心理。因此，在做抽奖活动时，虽然随手转发并没有什么大不了，也不麻烦，但我们就是要利用大众的这种心理，以奖品为诱饵，吸引用户前来参与。

奖品的设计不是重点，关键在于如何降低奖品的成本，以最低的价格获得最优质的效果。具体的成本控制可根据实际情况来确定。

3. 大 V 合作

微博捧红了一批网络红人，这些网络大 V 们有自己的忠实粉丝，随便发几条微博，他们的转发量就能达到几十万甚至上百万。如果你的微博账号粉丝基数比较少，可以与粉丝画像相似的大 V 合作，扩大活动影响力，不至于"冷场"。

4．发送时间

微博尽量选择整点时刻发送，整点发送的微博容易收录，也更容易上热门榜。

3.3　抖音：拒绝复杂！一个万能套路

● 3.3.1　抖音真的很火吗?

据抖音官方数据显示，截至2019年2月，抖音国内日活跃用户（DAU）已经突破2.5亿，月活跃用户突破（MAU）5亿。然而，从抖音2018年10月公布的官方数据可以看出，截至2018年10月，抖音国内日活跃用户突破2亿，月活跃用户突破4亿。短短几个月时间，抖音的日活跃和月活跃用户增加了25%。

抖音拥有如此流量，如果不在上面做些文章，显然有些浪费。分析为何短视频营销高度符合未来的发展趋势，如图3-10所示，有以下3个方面原因：

1．展现形式为短视频。视频是较文字、图片、语音等，当前最完整、最为全面的信息传播方式，给受众更加直观、全面的感官刺激。我们相信未来会有更高级的信息传播技术出现，但截至目前，以及未来一段时间内，视频是最佳的传播载体。视频具有动态画面感，视听感受很好，而文字需要主动阅读，容易造成视觉疲劳。

2．时间短。在短视频平台发展之前，优酷、爱奇艺、腾讯视频，以及国外的You Tube等已经在视频领域占据强有力的地位。但短视频平台相继崛起，短短的15秒，就能很快把事情讲清楚，快速吸引用户眼球，而在长视频中几十秒的时间过去了可能核心内容还没开始。因此，短视频极大地符合了当下社会人们追求短且快的节奏。碎片化观看，满足了用户利用碎片时间，随时随地可以方便地观看精彩的短视频。比如，当前今日头条的体系产品已开始大量抢占用户的碎片化时间。

图 3-10　为什么要做抖音?

3. 5G 趋势。中国在 2019 年已开启 5G 时代，秒速就可以下载一部电影，流量使用费用也将变得更加便宜，短视频营销将成为主流营销方式。

● 3.3.2　用好这个套路，让你的抖音快速爆粉

抖音视频的脚本和写文案一样，都是有套路可循的，下面提供一个写抖音视频脚本的万能套路，如图 3-11 所示。

接下来，拆解一个抖音视频案例，方便大家理解。以下文字还原了健身教练水晶与其好友 A 在抖音视频中的对话。

好友 A：水晶，夏天快到了，我这"熊背"怎么穿裙子呀？

健身教练水晶：现在减还来得及，我教你 3 招，让你在夏天露出迷

人美背。第一个动作坚持 30 秒，第二个动作也坚持 30 秒，第三个动作坚持一分钟。这 3 个动作可以很好地改善驼背，优化背部线条，还原少女背。

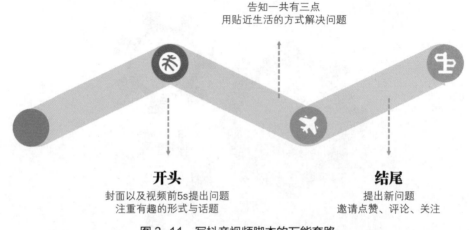

图 3-11　写抖音视频脚本的万能套路

好友 A：水晶，这条裙子我也能穿啦！

健身教练水晶：下期水晶教你如何减臀部赘肉，想要了解更多瘦身资讯，就快快关注我吧！

虽然视频短短 15 秒时间只包含了 4 个对话，但每一句都信息量十足。

第一句：如图 3-12a 所示，视频开头提出目标用户痛点问题，增加点击率。

第二句：如图 3-12b ~ 3-12e 所示，健身教练提出了 3 招即可轻松解决目标用户痛点的方法，增加完播率。

第三句：按照视频中的方法尝试，好友 A 真的告别了熊背，用好友 A 真实的案例增加了可信度。

第四句：如图 3-12f 所示，健身教练在视频结尾处抛出了新话题，以及该抖音账号为目标用户能够提供的价值，实现有效吸粉。

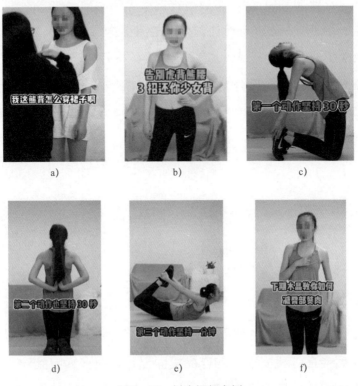

图 3-12 抖音视频案例

◖ 3.3.3 抖音算法揭秘，百万粉丝背后的逻辑

抖音的流量分配是去中心化的，这种去中心化算法让每个人都有机会爆红，可为什么有的人发了 3 条就迅速引爆，而有的人运营了一年其播放量还少得可怜？接下来我们将揭秘抖音算法的三个逻辑。

逻辑一：智能分发

每天都有上百万的人在上传视频，视频上传后，系统将会分配给你一个初始流量池：200 ～ 300 个在线用户，同时也会优先分发给附近的人与关注我们的粉丝，然后配合用户标签与内容标签进行智能

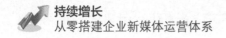

分发。

逻辑二：叠加推荐 — 点赞量 + 评论量 + 转发量 + 完播率

如果一个视频在发布一个小时内，播放量达到 5000 以上，并且点赞数高于 100，评论数高于 10，基本上就会给推荐了。

当平台将我们的作品分发给初始流量，平台会根据如图 3-13 所示，来判断视频的受欢迎程度，如果用户反馈比较好，平台会给该视频分配更多的流量。

图 3-13　抖音算法

（1）点赞量

点赞代表用户对你的作品是否喜欢，抖音点赞功能同时也是收藏功能，点赞后会在"我喜欢"的作品里面显示，很多人看到一些好作品，因为害怕失去就会点赞收藏作品。

（2）评论量

评论量也代表互动量，如果一个视频有很多用户愿意与其互动，这必然是一个好视频。所以当我们制作、发布短视频的时候，要想办法提升评论量，或者前期专门做一些互动性视频，让更多的用户参与进来。用户如果看到一些特别好的作品，自然会对作品进行转发。

（3）转发量

抖音里面的动态，也可以转发到其他社交平台，转发量越大，说明用户对作品的认可度就越高。

（4）完播率

抖音会通过完播率来判断一个视频的基础质量。比如，你的视频有

15秒，用户只看了5秒就切到其他视频上面，抖音会认为你的作品吸引力不够，所以我们在做视频的时候尽量把内容压缩，不仅要做真正的"短视频"，同时更要提升内容质量。

逻辑三：精品推荐池

抖音有低级流量池、中级流量池、高级流量池之分，不同权重的账号会被分配到不同的流量池，也就会获得不同的曝光率。被分配流量池的高低之分取决于内容的受欢迎程度。播放量持续增长，则可以称为热门账号，只需要蹭热点就可以轻松上热门。我们要摸清平台算法，让抖音给我们打上优质用户的标签，从而提高账号权重，分配给我们更多流量。

◗ 3.3.4　前期养号，提高权重

注册一个抖音账号，第一件事就是养号。和其他平台一样，养号无非就是模拟人工操作。比如，每天去刷视频（注意视频要完整看完），关注别人账号，给别人的内容点赞、评论、转发，每天至少看半小时的直播。账号至少也得养三天，最好是养一周。养到三天左右我们就可以绑定手机，然后将账号信息一一完善。

◗ 3.3.5　后期更新，注重细节

前期养号完成后，到了后期的视频策划、拍摄、发布阶段。此阶段很多抖音运营者错误地认为只要视频质量高，就一定会爆粉，他们往往只关注视频内容选材、拍摄技巧，而忽视了以下几个重要的细节。

（1）配有字幕，增强刺激。在视频中添加字幕可以增强用户接收信息的强度，让用户更轻松理解视频中想要传递的内容。对于大多数抖音运营者来说，用PR（Adobe Premiere）等专业视频制作软件添加字幕难度较大，推荐给大家一款操作简单的手机App——美册。只要在美册中上传视

频，系统会自动根据视频中的语音生成字幕，操作非常简单，大大提高了视频制作效率。

（2）精选音乐，把控节奏。抖音也是一个音乐短视频平台，所以音乐的质量和视频的内容一样重要。从抖音平台以前比较火爆的对口型，到现在更加多元化的音乐表现形式，无论是经典老歌，或是网络神曲，都可以在短短 15 秒内将原曲中的高潮乐章得以精彩呈现，故事化、场景化的视频，令人过目不忘，绕耳不绝。所以，就算你的视频内容没那么抓眼球，花些心思找一段神曲配合，也会有不错的传播效果。

（3）视频发布，定位地点。因为抖音有一个优先向附近的人推荐的机制，所以在发布视频时，可以把定位设置到人群密集的地方（有实体店的商户除外），以增加曝光率。

◗ 3.3.6　抖音如何引流？

很多人做抖音存在最大的一个问题就是不注重引流，也就是前面所说的不懂得如何把粉丝拉到我们的私域流量池。

我们可以通过私信留言、用小号评论、地理位置等方式进行引流，这些方式也相对安全，具体操作可参考以下 3 点。

（1）私信引流：打开抖音最下面的"消息"页面，点击最上方"评论和 @""赞"，会出现跟你互动过的粉丝。点击粉丝头像，可以发信息留下你的微信号，这样就把粉丝引流到私域流量池了。

（2）抖音号设置：每个抖音号都可以设置一次"抖音号"，把抖音设置成微信号已经成为抖友之间的"暗语"。

（3）地理位置：如果是实体店用户，设置地理位置是一个绝佳选择，而且操作非常简单，这里不做赘述。

3.4 知乎：渠道下沉带来的新兴流量

3.4.1 为什么做知乎？

知乎是什么？

知乎创始人兼 CEO 周源在回答这一问题时谈道："我们最初的客户定位是各个行业的专业人士，最开始需要邀请码才能进行提问和解答，我们希望优质的用户通过邀请的方式去分享有价值的信息和问题，因此是以用户的质量和内容的质量为发展前提的。"

知乎作为高质量的问答平台，问题机制本身就是一种对目标用户的筛选，在相关问题下的营销投放针对性更强，是企业进行精准营销的一个非常有效渠道。如果把主流的几个引流平台人格化，那么小红书可以看作是一个年轻时尚的美少女，抖音是个幽默风趣的青年，百度是上知天文下知地理的老师，知乎则是象征着专业、高知的精英。如图 3-14 所示，知乎平台有以下 4 个优点。

图 3-14 知乎平台优势

1. 流量大

截至 2018 年年底，知乎官方发布用户数已经突破 2.2 亿，同比增长102%，其问题数超过 3000 万，回答数超过 1.3 亿，一跃成为互联网最大的知识讨论社区。而且每天都有源源不断的新增用户，据七麦数据显示，知乎 App 平均每天的下载量在 7 万左右。

2. 权重高

我们在搜索引擎搜索问题的时候,会看到知乎平台的答案非常靠前。这是因为知乎平台的搜索权重非常高,据站长之家数据显示,知乎的百度权重为 8,已经和百度问答、贴吧等百度系列产品的地位旗鼓相当。此外,知乎内部的流量也是非常可观的。

3. 长尾效应

微信订阅号的热度一般只有 7 天,但是知乎的机制不同,知乎是内容驱动型的传播机制,一个高质量的回答可以获得持久的搜索、关注、收藏和分享,在平台上形成良好的长尾效应。据知乎官方数据显示,2018 年知乎 90% 的内容流通周期均超过 8 个月,在 3 个月内浏览量 Top1000 的问题中,超过 25% 的问题产生于 2016 年以前,至今仍在不断激活流通。

4. 用户质量高

从官方数据得知,知乎的用户多数为“三高人群”——高收入、高学历、高购买力的高价值用户群体。知乎通过一篇高质量的软文而吸引过来的精准粉丝,成交的概率可以达到 60% 以上,是其他渠道推广所远远比不上的。

如果一个渠道同时具有流量大、权重高、长尾效应、用户质量高的特点,你不做会不会觉得很可惜?

● 3.4.2 如何引流?

知乎的优势大家都有所了解,是进行引流的极佳平台,面对知乎严格的审核,我们该怎么进行引流操作呢?

第一步：筛选问题

首先，我们通过百度引擎搜索关键词、知乎搜索关键词的方法，找到排名较高的问题。我们在百度输入关键词时，经常看到很多带有知乎后缀的问题排名比较靠前，并且大众普遍认为知乎的问题回答比较专业、可信，所以这是一个很大的流量入口。比如，如果做企业的持续增长咨询，那么需要搜索的关键词是什么呢？与增长相关的词，即企业增长、用户增长、可持续增长等。知乎上还有一个热门推荐，也可以从里面选择你能回答的话题。因为这些话题的关注度比较高，它的回答也会相应地增加曝光度，更容易让用户看到你的回答。

通过关键词搜索出来的问题会非常多，我们不可能全部都进行回答，接下来需要对问题进行筛选排除，实现高效的操作，具体筛选思路如下。

（1）挑选出关键词所在话题排名前五的问题中，自己所擅长的问题进行回答。

（2）回答关注者在1000以上的问题。

如果满足以上两点，在算法支持下，知乎自然会在48小时内推送给关注此问题和话题的第一批精准用户。

第二步：回答问题

问题筛选出来之后，接下来就是回答问题，我们每个人在自己的领域都是非常专业的，在回答问题这一部分就不做详细的讲述了，给大家强调几点：无论回答什么样的问题，一定要做到排版美观、条理清楚，重点回答的部分记得用特殊样式注明，不要用大段的篇幅，一段尽量不要超过四行，很多人是没有耐心去读完的，不要给他们造成阅读压力。

优质的答案要同时具备以下3个要素，如图3-15所示。

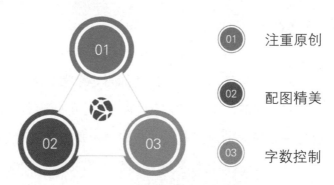

图 3-15　知乎优质答案 3 要素

（1）注重原创。禁止盗取其他用户的回答，特别是知乎认证用户。同样的答案不要出现在其他问题回答中，系统很容易辨别账号的数据，若发现高度重复，轻则被知乎封禁 1 天或 7 天，重则会屏蔽该用户所有数据和答复。

（2）配图精美。回复内容中应包含优质配图、专业数据，若再加上案例佐证，也是会加分的。配图尽量 3 张以上，文字与内容相结合会让我们的回答更加生动、具体，有说服力，提高用户的体验。

（3）字数控制。回复的字数尽量控制在 800 ～ 1500 字，既能把问题说清楚也不会太长，如果回答内容过长，很多人是没有耐心看完的。

第三步：导流

想在知乎打广告，首先要找对打广告的位置，知乎的广告位有以下几个：

（1）知乎昵称和个人介绍

知乎的昵称可以直接命名成广告，个人介绍、个人简介处可以留下自己的联系方式。

（2）回答内容

回答的内容里面可以直接插入广告，文中或文末可以添加微信号或二维码，但初级账号不建议这样做，容易被封号。

（3）发布想法

知乎里还有一个类似于发微博、说说的功能，即发布想法，但只有关注你的人才能看到。但是在这里打广告比较安全，如果你的粉丝比较多，也能起到一定的推广效果。

3.4.3 两个细节，帮你提高账号权重

有一个高权重的账号，是进行引流操作的前提，知乎每个注册的用户都有一个 PR（Person Rank）值，你的每步操作都将直接影响 PR 值。因此，我们需要做的就是提高账号的权重，首先就要对我们的知乎账号进行"养号"操作。

（1）完善个人信息

新注册的账号一定要进行实名认证，完成后上传个人头像，更改知乎的昵称。

（2）日常浏览养号

完成注册的新账号，每天浏览知乎首页问题、相关话题半小时左右。

第一个星期内的日回复量不要超过 2 个（防止新手频繁操作被封号），当注册满一个月左右时，回复数量再慢慢增加，可以适当增加到 5 次左右。

3.4.4 提高答案排名靠前的操作

知乎的推送算法与其他平台是不一样的。我们经常能发现一些点赞数过千的回答在点赞数过万回答的前面，或者一些只有几个赞的回答却能出现在我们的知乎推荐里。

这是因为我们回答的推送跟点赞该回答用户的权重值有关。如果我们

能被知乎大 V 或者高权重账号点赞，即便只有几个赞，我们可能也有机会获得平台推荐。因此，我们可以加入这样的互助群里，寻找那些权重高的老用户进行互相点赞帮助，来提升我们回答的推荐权重。另外，如果我们选择的垂直领域的关注数只有几万左右，那我们一般只需要几个高权重的点赞就能登上该话题比较靠前的位置。

3.5 百度：让搜索结果成为正面宣传

◉ 3.5.1 百度搜索结果直接影响购买决策

当我们想了解一个企业或者购买某件大金额商品前，会习惯性地打开百度搜索相关信息或评价，搜索到的结果将直接影响我们对于该品牌的印象以及决定是否购买。换个角度，对于企业或者品牌来说，在百度上呈现给用户的形象至关重要，将极大影响着顾客的购买决策和转化率。

我们在进行百度搜索时，一般会出现以下 3 种情况，如图 3-16 所示。

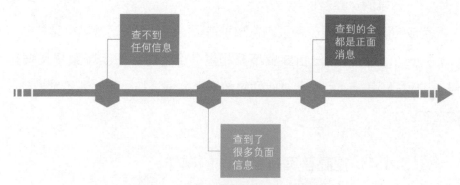

图 3-16　百度搜索时出现的 3 种情况

（1）查不到任何信息

你立刻会觉得这家公司没有知名度，并在潜意识中对其产生怀疑，也会在心里敲一下警钟。

（2）查到了很多负面信息

如果用户搜索出来很多负面信息，肯定会觉得这家公司不靠谱，甚至会把这个品牌直接拉入"黑名单"。

（3）查到的全都是正面消息

如果搜索对方名字或者公司名字，出现的全部是正面报道，显然生意就做成了一半。

● 3.5.2　如何不花钱就让用户找到你

对于大多数人来说"不知道，找百度"已经成为了一种习惯，企业也纷纷开始重视品牌的百度搜索结果。在这种情况下便催生了百度霸屏服务。目前在市场上，做百度霸屏业务的乙方已经开始泛滥、服务水平良莠不齐、报价从几千元到几万元不等，让人眼花缭乱，无从判断。

其实只要我们掌握百度抓取信息的核心来源，即使不花钱，也可以实现很好的曝光，让用户主动来找你。市场上动辄收费上万元的百度霸屏服务，到底好在哪里？

（1）品牌方面：提高品牌曝光度以及竞争力

百度霸屏能达到首页 30% 以上都是搜索企业相关信息的能力。极大限度地提升品牌曝光率，同时可以防止其他竞品截流。

（2）业绩方面：增加成交通道，提高成交额

前面提到百度搜索的结果将直接影响到用户的购买决策，因此当企业好的品牌宣传结合产品购买入口完成霸屏后，用户甚至可以通过百度直接成交，减少购买流程，提高成交额。

（3）舆情控制：避免负面消息出现

一条负面的消息是靠几十条正面消息也挽救不回来的，一条负面评价将导致 30% 的订单流失，因此用户通常会认为，好评率都是刷出

来的，差评表达的才是用户的最真实感受。所以，大公司特别注意舆情的监控，当你的品牌完成百度霸屏后，就有效避免了品牌负面情况的出现。

◉ 3.5.3　百度抓取信息的原理

百度本身并不生产内容，而是通过一套完善的算法程序筛选优质内容，通过在权重较高的网站上抓取与用户搜索关键词匹配的内容，进一步用算法筛选出匹配度最高的优质内容，优先展现给用户。因此，做百度霸屏，也就是要在高权重的网站上抓取品牌与产品相关内容，并植入用户搜索关键词，从而被百度程序有效识别、抓取，甚至优先推荐给用户。

百度抓取信息的原理如图 3-17 所示。

图 3-17　百度抓取信息原理

1. 挖掘长尾关键词。

百度抓取关键词，最基础也是最重要的步骤就是挖掘用户需求长尾关键词，具体方式有以下两种：

第一种：根据用户搜索习惯、咨询的问题进行长尾关键词组合。

第二种：先筛选出 5 ~ 10 个核心关键词，通过核心关键词结合第三方工具的方式，进行长尾关键词拓展。

挖掘长尾关键词工具有 5 个，如图 3-18 所示。

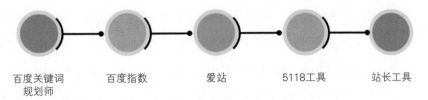

图 3-18　挖掘长尾关键词工具

2. 筛选高权重平台。

挖掘用户需求长尾关键词之后，需要找第三方平台进行内容分发。内容平台非常多，没有必要在每个平台都花费精力，要把精力集中在权重较高的平台。以下为按平台属性划分的高权重平台。

（1）百度相关产品：首先推荐百度体系产品，它们的权重自然很高，包括百度贴吧、百度文库、百度知道、百度经验、百度百科等。

（2）自媒体平台：自媒体平台多如牛毛，但是被百度收录的却很少，除百家号、新浪博客比较好的两个效果之外，还有搜狐自媒体、天涯号、知乎、豆瓣、简书等。在以上自媒体平台，持续输出品牌或项目宣传的相关软文，讲好品牌故事，可不断吸引用户关注，也是提高转化率的不错方法。

（3）新闻媒体报道：也可以在高权重的行业媒体或新闻媒体网站上直接发布品牌或项目软文。同时，借助行业新闻媒体的权威为品牌背书，提高信任度。

（4）分类信息平台：58 同城、赶集网、百姓网等。

（5）视频类：爱奇艺、腾讯、优酷、搜狐、乐视等。

3. 高质量内容分发。

准备阶段完毕，到了分发实操阶段，分发的核心是遵循平台规则，制作高质量内容，具体可以参考以下方式。

准备的内容非常重要，不仅要原创，还要同时满足用户需求与搜索引擎的规则。文章内容要帮助用户解决问题，同时注意排版与配图，增加用户体验。文案里筛选好的长尾词可出现 2 ~ 3 次，确保有被百度收录的可能，同时要注意关键词的合理化布局，长尾关键词的堆砌不是越多越好，太多反而有可能被判定为恶意营销，最终很难被收录。

这里提一个小技巧：如果你挖掘到的是疑问式的长尾词，那么可以直接拿来当标题或微调后作为标题使用。

综上所述，通过深入挖掘用户需求的长尾关键词，筛选出高权重平台内容进行持续分发，持续性监测及进行经验总结和实施策略调整，将会很快在百度搜索中出现品牌相关信息，增加品牌有效曝光，实现霸屏效果。

3.6　小红书：引流推广，只需 5 招！

◕ 3.6.1　你了解小红书吗？

小红书通过深耕 UGC（用户创造内容）购物分享社区，用了不到 6 年的时间积累了 2 亿多用户，发展成为全球最大的消费类口碑库和社区电商平台之一。小红书上优质的社区内容，让小仙女们在平台上看广告看得不亦乐乎，不断重复着"种草""拔草"再"种草"的动作。

要想通过小红书引流，首先需要做好目标用户分析和内容定位。

1. 目标用户分析

小红书的用户 70% 以上为女性用户，年龄分布在 20 ~ 40 岁之间，多数用户分布在经济发达的一二线城市，有较强的购买力，且对于产品有较高的识别能力，对质量要求也比较高。

2. 小红书的内容定位

针对这样的用户群体，小红书的内容定位是为爱美的年轻女性提供时尚、护肤、生活方式上等相关指南。我们可以从企业定位、产品定位以及目标用户需求角度出发，结合小红书平台上内容覆盖时尚穿搭、护肤彩妆、明星等 18 个话题，持续输出粉丝感兴趣且能刺激其"种草""拔草"的内容。

很多人认为小红书引流比较简单，只要发笔记就可以。但在实际上发现花了很大力气编辑内容，但最终笔记也没有蹭上热度，更没有将品牌或者产品推上热搜的机会。出现这样的结果其实原因有很多种，但最主要的还是没有掌握小红书的养号规则和输出爆款笔记的原理。

● 3.6.2 小红书的养号攻略

无论是抖音、微博还是知乎，各平台养号的核心都是模拟新注册用户，进行日常操作，因此不要在账号注册之初，就表现出浓浓的营销欲望，具体操作步骤如下。

（1）注册初期完善用户资料、模拟正常用户进行操作，点赞，评论，转发，收藏。

（2）养号的周期一般为 5 ~ 7 天。

（3）一定要注意切换到 4G 网络，同一手机不要登录多个小红书账号。

● 3.6.3 小红书获客之道

一篇好的笔记其流量会持续性增加，因为只要小红书平台认为你的笔记写得好，它就会大面积给你推荐用户。判断小红书笔记能否被推荐，除了具备有趣有用的内容以外，高清、吸睛的图片，标签、关键词的覆盖，以及评论、收藏、点赞、转发量，都将直观地衡量笔记是否具有高

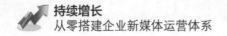

价值。

接下来将从内容、图片、标签、关键词、引流 5 个维度出发，探索小红书的获客之道，如图 3-19 所示。

图 3-19　小红书获客的 5 个维度

1. 内容

小红书笔记对于内容要求极高，其内容方向上主要以实用分享类为主，具体可使用的技巧有以下 5 点。

（1）干货内容

笔记的专业度必须要高，共享出来的笔记需要有闪光点、有价值，能真的给看笔记的用户带来帮助，以这样的方式写出来的笔记内容丰富、方法实用，笔记排名也一定不会低。

（2）字数适中

字数最好控制在 500 ~ 1500 字之间，当出现字数较多的情况，一定要增加小标题。

（3）巧用表情

巧用表情、icon 符号（类象符号）；表情符号既可以作为段落层次的分割，也可以替代部分的文字，让笔记风格生动活泼。

（4）注意语气

贴合社区分享的氛围，整体内容要营造出一种与粉丝面对面聊天的亲切感。

（5）笔记内容结构参考样式，如图 3-20 所示。

- 第一段：自我介绍

- 第二段：讲述自己的痛点

- 第三段：无意中看到了某个产品或者说朋友推荐，解决这一问题

- 第四段：使用产品一段时间发现这个效果很明显

- 第五段：引导私聊

图 3-20　笔记内容结构参考样式

2. 图片

小红薯（小红书的粉丝昵称）大多为一二线城市的年轻女性，女性爱美的特性决定了对平台配图的高要求，因此小红书上的图片一定要高清，整体风格一致，与文字内容匹配。笔记的首图格外重要，优质、吸睛的首图可以提高引流效果。目前点击率较高的首图具备如下3 个特点。

（1）体现对比

突出反差效果，利用视觉冲击体现产品的功能功效。比如，瘦身前后的对比图。当然，对比图的前提依然是保证内容精致，注意画面效果，不能引起用户的不适感。比如，油腻秃头、满脸痘肌等，就不符合平台用户的审美要求。

（2）高颜值美照

爱美之心，人皆有之。独特的美女照不管在哪个地方出现都是比较吸引人眼球的，小红书的用户人群更是如此。尤其美妆电商、服饰穿搭类客户，利用品牌合作人的高颜值美照，总是能吸引到一大波关注用户。

（3）图文结合

主题鲜明，图文结合，让用户在两秒钟内就能看懂主题，减少用户思考成本。

3. 标签

系统会通过标签推荐给那些经常阅读这方面关键词的用户去阅读。比如，你引荐了一款面膜，那么系统也会自动引荐给喜欢护肤的用户。小红书笔记里增加了精准的标签可以直接提高笔记的阅读量。

4. 关键词

小红书收集笔记的重点是开头和结尾的关键词，所以笔记的关键词要合理分布。内容中可多次体现关键词，以提高搜索曝光的概率。

5. 引流

（1）注意事项

第一，不要直接在笔记上面留下任何联系方式，包括微信和QQ等，小红书平台的检测是很严格的，一旦发现将立即禁言3天或30天，甚至永久。

第二，不要一直发同一句话，即使内容不包含任何引流信息，系统也会默认为你在发垃圾广告。

第三，提前做好模板，如果有人私信，直接复制粘贴，不过要用多种话术交替分发。

（2）正确的引流姿势

① 最佳方式——把小红书号改成微信号。

② 用小号唱双簧引导用户。可注册小号，只需设置头像与简介，可留联系方式，在大号"分享笔记"评论里引导用户关注小号。

比如，从大号引导到小号上私聊，小号的头像、签名可直接设置为微信号。

话术示例："如果你想获得更多详细的情况，仙女们可私信我的私人助理哦。"

③ 手写拍照。把微信号写在一张纸上（不要用白纸，最好是漂亮的卡通纸），拍成照片，私信发给小红薯们。

④ 断行断句。比如，"关注我（135）变美（4453）"。

3.7　你不可不知的 6 种引流方式

如果把流量渠道进行细分的话，可以分为成百上千种，但不是每个渠道都要去尝试的，除前面介绍的微博、抖音、知乎、百度、小红书这几种顶级流量来源，以下 6 种渠道也是不可忽视的引流方式。

1. 百度贴吧打造口碑，实现被动引流

现如今，百度作为中国最大的搜索引擎，一直深受人们的喜爱，创下了极好的纪录。同时，百度旗下的相关软件，比如百度贴吧，作为年轻人的交流之地，有着非常大的流量，也正是这样，很多人都想在百度贴吧尝到流量甜头。但想要在该流量池分一杯羹也不容易，需要注意以下细节。

（1）准备多种文案，在不同的贴吧发布，不要将一个文案发布在多个贴吧中。

（2）主帖不要带链接，可以设置在评论区回复中。

（3）一个账号每天发的帖子条数要控制在 3 条以内。

（4）帖子内容要具有信息传递的价值。

2. QQ 空间

当下，微信活跃在我们大多数人的手机中，占据着大部分的流量。那

么在这种情况下，QQ 的附属产品 QQ 空间还有机会吗？答案是有的。现在绝大多数年轻人的社交方式还是通过 QQ。因此，QQ 空间就相当于他们的微信朋友圈一样。我们该如何利用 QQ 空间进行引流呢？下面分享两个小技巧，一是可以在 QQ 空间发布目标用户感兴趣的文章，实现被动引流；二是寻找目标群体关注的 QQ 空间大号，进入其 QQ 空间，把这个空间里的每篇文章中所有转载的、点赞的、分享的人都添加一遍，实现精准引流。

3. 博客营销，获取细分流量

博客时代已经过去，但是博客并没有销声匿迹，依然在那片领域存活着，只是我们没有深入了解。其实博客营销是一个被大家忽视的优质流量池。博客的粉丝其实是很精准的客户，因为这些用户想要解决问题所以才主动搜索添加的你。那么，怎么打造被动引流系统呢？

（1）做好长尾关键词排名。大家都知道，博客自身的权重很高，因此每天发与博客相关的内容，把内链和外链做好，排名就会上升很多。

（2）做一个成功的博客概率很低，我们需要多申请一些博客，多做文章内容，把长尾关键词做好，提升自己的博客排名。

4. 论坛社区发帖推广

论坛社区营销和博客一样，都是非常精准的被动引流渠道。论坛营销的关键是制造良好的参与氛围，引导目标用户能参与话题，引起共鸣。可以参考以下 5 个步骤。

第一步，搜集具有相关性且高人气、高权重的论坛社区。

第二步，在搜集来的论坛社区注册账号，用户注册名要与产品相关。

第三步，准备至少五六十篇文案。

第四步，根据论坛性质，有选择性地发不同的帖子。

第五步，每天去论坛里用小号顶帖。

5．EDM 引流

通过挖掘目标用户邮箱地址，实现精准引流，可参考以下 3 个步骤。

第一步，用批量采集软件，采集精准目标客户邮箱地址，也可以采集竞争对手 QQ 空间的访客 QQ 邮箱地址。

第二步，策划邮箱文案。

第三步，利用专业邮件营销平台批量群发邮件。

需要注意的是，邮箱要设置自动回复功能，应把网站地址和公众号介绍设置为自动回复内容。

6．微课 / 直播课分享

首先要澄清，并不是只有教育机构才能做微课和直播课程，大部分行业都可以通过微课的形式进行引流。微课营销的核心在于收集用户痛点问题，课程主题及内容要针对痛点问题提供解决方案，把产品或者产品的某个功能作为解决方案中的一个点，让用户产生兴趣，实现被动营销。

第 4 章
精准裂变：让用户量爆炸式增长

 **背景介绍**

很多人对裂变的认识存在误区，错误地把裂变当成一场活动，而实际上裂变应该是整个运营体系中的一环，是一个要持续去做的过程。企业如果想要追求持续性增长，就一定要掌握裂变的底层逻辑，设计好裂变流程，把裂变的每一个环节都流程化，这样裂变就可以源源不断地做下去。一个公司可以没钱投放，但不做裂变营销，是万万不可的，因为裂变营销有着其他营销方式不具备的优点，如下所述。

（1）成本低：只需要有原始的种子用户，就可以低成本启动。

（2）速度快：只要找好引爆点，裂变速度极快，用户会实现指数级增长。

（3）高转化：裂变基于现有种子用户群体不断扩散，吸引的是相同属性的人，人群精准，再加上拥有口碑背书，利于转化。

在人口红利逐渐减弱，流量成本水涨船高的当下，裂变式营销无疑是用最低成本、最快速度、获取更多流量的最佳手段。本章将从人性的角度出发，揭秘裂变的底层逻辑，什么样的活动用户愿意参加，什么样的活动用户愿意转发。

4.1　裂变的底层逻辑

◑ 4.1.1　裂变是什么？

大家都知道细胞分裂，1 个细胞裂变成 2 个，2 个裂变成 4 个，4 个裂变成 8 个。裂变营销模式和细胞分裂模式相似，其核心在于找到合适的用户，让用户成为传播者，通过产品与用户、工作人员与用户之间的社交，促进用户对产品的信任、传播和销售，实现一传十、十传百的指数级传播。

◑ 4.1.2　裂变的底层逻辑

现实中，每一个背着增长 KPI 重担的人都梦想着策划一场刷屏级的裂变活动，实现用户的井喷式增长。我在做增长咨询顾问的过程中，跟很多企业的增长团队有过近距离接触，发现大部分人只知道理论知识，但是一到活动的具体执行，就会感到迷茫，从活动的策划到活动规则的制定，再到礼品的筛选，都不知如何下手。

下面将把裂变活动剖解开来，从裂变的底层逻辑、用户参加裂变活动心理以及裂变活动的常见形式等方面进行阐述，让裂变活动变得可复制、可持续。

裂变的底层逻辑由 4 个部分构成：裂变诱饵塑造、裂变人群匹配、裂变文案包装和裂变工具选择，如图 4-1 所示。

图 4-1　裂变的底层逻辑

裂变诱饵塑造

为了刺激用户积极参加裂变活动，在裂变活动策划阶段，需要根据用户需求准备一个高价值的诱饵，吸引用户产生转发、分享等裂变行为。下面将从诱饵产品选取、价值塑造、诱饵价值发布 3 个方面对诱饵价值进行拆解。

1. 诱饵产品选取

诱饵产品的选取非常重要，因为裂变活动提供的诱饵一定得是对目标人群有价值的产品，用户才会乐于主动参与活动。一个好的诱饵产品，必须符合低成本、高价值、可持续、相关联这 4 大关键点，如图 4-2 所示。

图 4-2　诱饵选择的 4 个关键点

低成本：通过裂变活动吸引来的用户只是一般粉丝，因为没有成交，用户的质量不是特别高，并且粉丝数量可能非常大。所以从成本控制角度出发，一定要选取低成本的诱饵产品。

高价值：只有用户非常需要、对用户来说价值非常高的产品，才会引发用户转发、分享。需要注意的是，这里的高价值，指的不是高价格，而是用户真的需要这个诱饵，认为诱饵的价值很高。

可持续：裂变是一个长期的活动，如果活动做到一半，吸引来大量粉丝，但是没办法提供产品，就会让粉丝的体验变差。因此，诱饵的选择一定是成本比较低、可以批量获得的东西。

相关联：诱饵是裂变用户对企业的第一印象，所以一定要选取与企业产品、服务相关的诱饵，控制粉丝的精准性，为后面的转化成交做铺垫。

明确了诱饵选取的关键点之后，接下来介绍 3 种效果好、成本低的诱饵作为参考。

首先，要说明一点，这里介绍的诱饵准确地说应为虚拟诱饵。如果是为了控制活动预算或者测试粉丝参与度的话，虚拟诱饵再合适不过了。常见的虚拟诱饵有以下 3 种：

（1）干货包

根据目标人群的需求及其所在行业的特点，搜集一些干货电子书、教学视频等，制作成干货包。可以设置成邀请 5 名好友参加活动即可得到，配合"小裂变"等裂变工具，实现自动通过好友、自动打招呼、自动关键词回复、自动审核、自动发放干货包等动作，实现裂变流程自动化，无须人工客服介入，成本几乎为 0。因设置成邀请 5 名好友门槛较低，可提升粉丝参与的积极性，所以干货包可以说是目前最佳的活动奖品类型。借助"小裂变"裂变工具进行裂变的具体流程如图 4-3 所示。

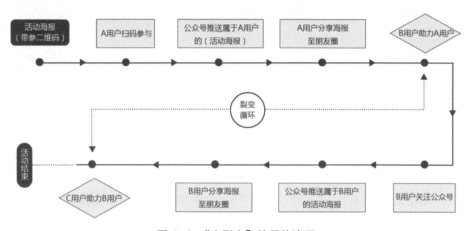

图 4-3 "小裂变"的具体流程

（2）产品优惠券

无论是对于线上商家还是线下的实体店商家而言，优惠券都是天然的提升转化率和引流的好工具。

因为用户都有厌恶损失的心理，认为有优惠券，不花就亏了，有了优惠券，即使对于不是迫切需要的产品，也会产生冲动消费，这是提升活动附加价值的一个重要且有效的手段，而且还可以使用跨品类发券的方式，让用户产生多次购买。

（3）红包

想要快速涨粉，发放红包毫无疑问是最快最有效的方式。但是，通过红包吸引到的粉丝可能不够精准，成本也较高，不能体现出品牌的特性，所以不建议单独作为诱饵使用。可以设置一些低额的红包，搭配其他礼品一起使用，这样做便可以加快裂变速度。

2. 价值塑造

诱饵的价值塑造过程对用户的热情影响巨大，诱饵的价值足够高，能更好地吸引用户参与活动。因此，我们要通过图片、短视频、GIF 图等多种形式，让用户全方面了解到诱饵的高价值，具体的塑造方法我们将在第 5 章详细讲述。

3. 诱饵发布

诱饵发布可以多渠道进行，可以将第 3 章提到的"种子"理解为一种诱饵，将撒种子的流量池看作诱饵的发布渠道。

裂变人群匹配

为什么看起来近乎相同的裂变模式，最终效果却南辕北辙呢？主要原因在于传播的"人"不对。

比如，拼多多主打下沉市场，目标用户从来不是一线城市的白领群体，即使加大活动补贴，让部分白领参与转发拼团、砍价活动，在这些白领的社交圈中也不会有太大的回应，因为他们自身和社交圈不符合这个活动的调性。即使给出足够的利益驱使他们转发了，也不会在他们的社交圈产生裂变反应。

只有结合实际场景对潜在用户进行多维度的定向匹配，才能针对正确的人群给他们足够的动力去传播。所以，人群匹配度要符合调性，这需要提前做好用户画像分析。

裂变文案包装

无论活动的奖品多么诱人，用户对你的活动没有兴趣、没有信任、没有欲望、没有好奇，即使你贡献再多的价值，都是徒劳。所以，文案包装对于裂变活动非常重要，它起到建立信任、放大欲望的作用。因此，在做裂变活动前，一定要先写好各个环节的简易文案模板，确保参加裂变活动的人，无论是小白还是大咖，都能够按照活动设计的流程进行到最后。

在包装文案时，一定要时刻想着以下4个问题：

（1）你的产品为什么用户要花钱/时间去体验？

（2）你的产品有哪些独特性？怎么证明？

（3）粉丝为什么要把你的产品推荐给别人？

（4）能给粉丝带来什么额外好处？

裂变工具选择

关于微信裂变活动，一般参与的人非常多，单纯靠工作人员添加微信好友、发送奖品是绝对吃不消的，还需要一个专业的微信crm管理工具来实现自动回复和标签管理。市场上配合裂变活动的工具有很多，经过对比筛选，我推荐鲸鱼集市的微信crm工具，因为它具有做裂变活动最担心的防封功能，规避了一定风险，并且其他功能也比较完善，可以实现自动化裂变，降低人工成本。鲸鱼集市的微信 crm 工具能提供的自动化功能大致如下：

【引流模块】自动手机号加人、群加人、活动二维码加人、自动通过好友、自动打招呼、自动关键词、回复自动拉群、自动定时分发多种消息（图文、音频、小视频或者上述组合）。

【运营模块】跨好友聊天对话、监测对话、接管线索分配、朋友圈群发、群标签、多群转播、好友统计、群活跃统计、交易统计、内容营销、管理客户、旅程管理、客户资产安全管理、云备份防封。

在这个社交商业时代，微信裂变的营销效果有目共睹。曾经的增长依赖渠道、依赖投放、依赖流量主，但是在微信生态内已不奏效，完全可以采用裂变营销，用小小的种子用户池，迅速裂变扩散开来。

● 4.1.3　常见的 12 种裂变活动形式

裂变活动的形式多种多样，下面总结了市场上比较常用的 12 种裂变方式供大家参考。

1. 集赞裂变——微信公众号涨粉

集赞有奖是微信公众号最常用、也最简单的一种玩法，无须开发新功能，只需准备一张海报、一篇推文就可以了。集赞裂变活动的简易流程：转发海报、文章至朋友圈—集赞满 XX—截图发送微信公号后台—人工审核—发送奖品。奖品多以上文所说的干货包为主。集赞活动可根据点赞人数设置阶梯奖励，但要注意，除非奖品价值非常高，活动设置的点赞数不要超过 100 人，门槛过高会降低用户参与欲望。

图 4-4 为某推广公司集赞裂变活动的用户朋友圈截图，该活动设置了两个阶梯奖励，集满 38 个赞即可获得"ASO 优化宝典一份"，集满 88 个赞即可获得品牌榨汁机，优质干货包加上实物奖品的诱惑，让用户

参加活动的动力十足。

图 4-4　用户朋友圈活动截图

2．任务裂变——微信公众号涨粉

任务裂变就是通过奖品吸引用户参与活动，用户邀请 N 个好友关注后，即可获得相应奖品。任务裂变是目前公众号涨粉用得最多的一种玩法，可借助第三方工具来完成，减少人力成本。

图 4-5 是我在 2019 年 6 月分享的"教你如何从 0 开始，搭建日进斗金的个人号矩阵"公开课案例，该活动设置多个奖励阶梯："邀请 3 名好友助力，获得运营干货包""邀请 5 名好友助力，即可免费听课""邀请 20 名好友助力，即可 + 小助手微信，进入高阶运营群"，一套活动裂变实现了公众号裂变、个人号精准增粉、流量群搭建 3 个目的。同时，借助第三方工具"小裂变"，只需活动开始前在"小裂变"后台设置活动规则，裂变活动进行中，无须任何人工参与，即可自动完成裂变。该活动不仅低成本，而且高效率地实现了精准引流，活动形式值得借鉴。

3．分销裂变

分销裂变是一种用户通过活动页面生成专属的海报或链接，好友通过

专属的链接购买产品，则该用户可获得相应佣金的活动形式。分销裂变
活动常见于知识付费刷屏海报以及社交电商群。如图 4-6 所示，为某电
商 App 内截图。比如，用户 A 点击 App 内商品链接可以生成专属海报，
其朋友 B 通过扫描 A 的专属分销海报产生购买行为，A 可以获得一定比
例的分销提成。在金钱的激励下，用户转发动力更足，裂变效果更好。

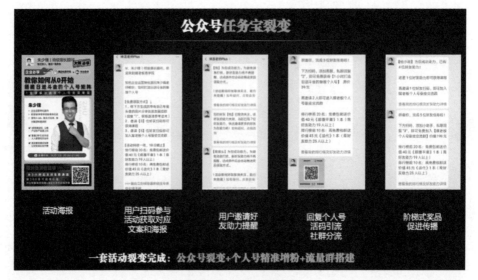

图 4-5　公开课案例

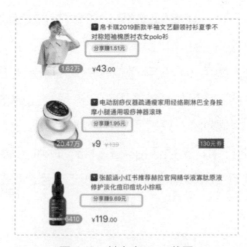

图 4-6　某电商 App 截图

4．测试裂变

测试裂变指经常在朋友圈刷屏的各种性格心理测试、星座测试、看面相测试、抽取幸运签等的活动形式。如图4-7所示，为最近比较火的面相测试活动截图。测试类裂变活动就是一个万金油的模型，无论什么时候做，都会有很好的用户量，若结合当下热点，效果会更好。

图4-7　面相测试活动截图

5．集卡裂变

集卡类活动是一种用户完成某项任务即可获得一张卡片，集齐所有卡片即可参与抽奖的活动形式。春节期间各大平台都在做集卡活动，如图4-8所示，为支付宝集五福活动。

6．砍价裂变

如图4-9所示，是砍价裂变鼻祖拼多多的活动截图，拼多多砍价模式是通过用户邀请朋友"砍一刀"的方式进行拉新,其他电商类互联网产品也在使用类似的裂变模式。砍价裂变的基本逻辑是,发起者 A 对商品发起砍价,A 邀请的好友 B 点入活动链接、点击砍价按钮即可完成一次砍价,再根据互惠心理,被邀请人 B 也可以发起新一轮砍价,形成循环砍价裂变。

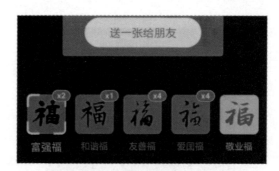

图 4-8　集五福活动

图 4-9　拼多多的活动截图

砍价活动要注意两点：第一，要控制参与砍价的人数以及最终的价格；第二，砍价活动刚进行时，力度一定要大，让用户觉得很快就可以砍到最低了，降低用户对于活动难度的预期，后续再适当减缓砍价力度。

7. 拼团裂变

如图4-10所示，为某电商平台拼团页面截图，该拼团裂变模式是由1个发起人（团长）下单，再需邀请4人参团才算拼单成功，享受团购优惠价格。拼团（组队）裂变的基本逻辑是，发起者对商品发起团购，再根据互惠心理邀请一定数量的团员参团，形成拼团裂变。为了保证拉新效果，活动规则也可以设置成老团长邀请一定数量的新用户参团才算拼团成功。拼团裂变与上文提到的集卡裂变活动类似，只是增设了购买门槛。

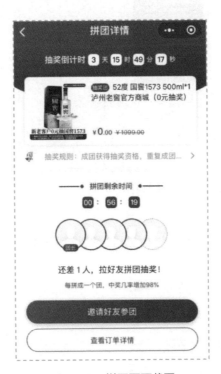

图4-10 拼团页面截图

8. 课程裂变

课程裂变常见于教育类产品，通过限时免费听直播、前 500 名领学习资料、进群听课等方式吸引新用户。如图 4-11 所示，用户需要将活动海报转发至朋友圈，并添加工作人员个人微信号，通过审核后才可以享用听课机会、学习资料。特别要注意的是，并不是只有教育类产品才适合课程裂变，其他行业的产品也可以根据目标用户的需求痛点找专业讲师设计课程，在讲师讲课过程中突出自家产品是如何解决用户痛点的这一环节，相当于做了一个针对目标人群而且有专家背书的口播广告。

图 4-11 朋友圈活动海报

9. 邀请裂变

邀请裂变是最常见，也是最基础的拉新增长方式，平台根据被邀请人的状态给奖励、给返佣，基本上每家互联网公司做活动时都会优先使用它。如图 4-12 所示为掌上生活 App 邀请活动截图，其根据邀请人数多少，制定了阶梯奖励。

10. 助力裂变

助力裂变是邀请裂变的衍生形式之一，是指通过邀请好友点击助力可以获得更多福利。如图 4-13 所示，为某出行 App 的助力裂变活动，好友助力可以加速发起者的抢票速度。再比如，某个产品起始默认 1 次抽奖机会，邀请好友助力，好友点击关注后，可以额外获得 1 次抽奖机会，同时用奖励吸引了好友的关注与再扩散，形成助力裂变。

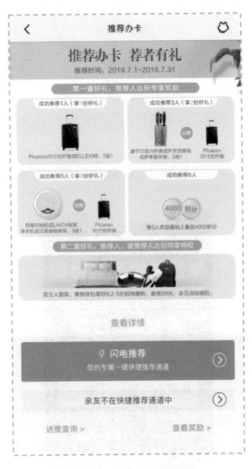

图 4-12　邀请活动截图

11. 社群裂变

社群裂变是效果比较好的裂变形式。如图 4-14 所示，用户因为被海报吸引，点击二维码进群，然后转发海报到朋友圈，把转发截图，发给群小助手审核，审核通过即可进入社群听课或者进群领取海报上的奖品。

图 4-13　助力裂变活动

图 4-14　社群裂变海报

12. 红包裂变

红包裂变是用户体验产品后获得一个大红包分享出去，自己可以领取红包、朋友也可以领取红包的形式。如图 4-15 所示，为饿了么外卖的红包裂变截图，活动要求用户在点餐后将红包链接分享到群、朋友圈才能拆红包，好友也可以通过点击红包链接获取优惠，形成红包裂变。

图 4-15　红包裂变截图

最后，再分享 5 个做裂变活动的注意事项。

① 注意收集和整理裂变增长的案例，做成案例库；

② 发现热点、爆点，不要等，快速行动、快速迭代；

③ 注意观察数据，根据数据反馈及时进行细节调整；

④ 裂变开始前必须拥有种子用户；

⑤ 为保障投放效果，在大规模投放需前需要进行多轮测试。

4.2　让用户积极参与裂变活动的黄金公式

◗ 4.2.1　让用户积极参与裂变活动的黄金公式

裂变活动有个特点，要么没人参加，要么就是刷屏级的火爆。其实，无论是裂变活动还是其他类型的活动，让运营最困扰的问题就是"冷场"，用户不愿意做出参加活动、加入社群、购买产品等动作。为什么用户不会按照期望的方式去行动呢？是什么促使用户行为的发生呢？

要想让人按照你的期望改变行为，设计出用户积极参加的活动，就要理解促使行为发生背后的逻辑。斯坦福大学研究行为科学的教授 Fogg 提出了 FBM 模型（Fogg Behavior Model），这是一种有效探寻人类行为原因的模型。借助这套模型可以相对容易地了解人类行为背后的驱动因素，让用户积极参加到活动中。

Fogg 认为，要使人们行动起来，有三个要素必不可少。

第一，充分的动机；

第二，完成这一行为的能力；

第三，促使人们付诸行动的触发器。

如图 4-16 所示。

图 4-16　让用户积极参与裂变活动的黄金公式

FBM 行为模型可以用公式来呈现，即 B=MAT。这个模型假定，只有当一个人有充足的动机，有能力去完成，并且有一个触发器来刺激的时候，一个行为才最有可能发生。

● 4.2.2　动力

动力决定了用户是否愿意采取行动。用户为什么要做这件事情？请给他一个理由。接下来从驱使用户采取行动的 8 个核心动力来进行具体分析，如图 4-17 和图 4-18 所示。

图 4-17　核心动力（一）

图 4-18　核心动力（二）

懒惰

比如，活动流程上简单易懂；点击后立即有反馈；VIP 付费不用完成指定操作即可直接进入等方面。

很多人说现在是一个碎片化的时代，在我看来，现在已经是一个粉尘化的时代，用户越来越没有耐心。所以，用户参与活动的前提一定是可以快速进入活动，快速参与，舍弃掉一切复杂流程。用户的每一步操作都可能造成流失，所以在设计活动页面时，一定要思考每一个页面是否都是有必要的呢？文字是否有赘述？要去繁留简，把最重要的内容传递给用户，让用户在看到的第一眼就明白，参加活动用户能获得什么，应该怎么操作，让用户按照活动设计的流程顺利进行。

创造

比如，情人节结婚证；创造自己的头像；创造自己的军装照等。

随着活动数量的不断增多，很多公司已经舍弃简单的模板活动，开始做定制化的活动。因为现在的"80后""90后""00后"们强调个性，追求与众不同。

比较典型的案例是情人节期间刷屏的结婚证。定制结婚证活动为什么能火？首先，它结合了情人节领证的热点；其次，结婚证上有自己的名字、照片，更加真实，无论是出于恶搞、还是玩笑，这类定制的创意活动总能吸引大量的用户参与。

好奇

比如，随机的抽奖概率；未知的神秘奖品；没见过的活动形式。

好奇心为人类带来刺激与乐趣。人们都想去品尝更多的美食，去更多未知的地方。因为好奇，他们想知道我没吃过的东西到底什么滋味儿？我没去过的地方风土人情如何？

如何把用户的好奇心理应用到裂变活动当中？用常见的幸运转盘游戏举例，对于用户来说，不知道最终获得的奖品是什么，对奖品充满好奇与期待，再加上点击抽奖按钮是一个非常简单的动作，所以说大转盘、刮刮卡这种活动的形式用户都非常愿意参加。

稀缺

比如，第一名只有一个；奖品只有5个；限时抢购。

稀缺性可以从限定名额与限定时间两个角度出发。首先，解释限定名额，如果给每个参与者都发同样的"阳光普照"奖，奖品单价低，用户的积极性会很低，不愿意参加；奖品单价高，会导致成本过高。所以在奖品设置时，要突出名额的限制，并且一二三等奖奖品的价值要拉大差距，让用户感受到奖品的稀缺。其次，限定时间的角度出发，设置活动倒计时等，规定用户必须在有限的时间内完成规定的任务才能获得奖励，可以加强用户参与活动的急迫感。

贪婪

比如，每年的双十一购物狂欢。

贪婪是人的天性，每个人都希望获得更多的钱、物、权、名、利。拿网盘产品做裂变活动举例，"转发活动即可获得 XXT 空间"，很多用户明明很清楚用不了这么大的存储空间，但还是想要分享，想要获得。

色欲

人都有爱美的天性，像校花校草大赛、选秀大赛都是利用了人的色欲。

攀比

比如，排行榜。

在裂变活动中，可以利用用户的攀比心理，设置排行榜、进度条和勋章等形式来刺激用户，让其获得成就感。

窥探

测试两个人了解程度活动、让朋友匿名评价活动、谁翻了你的朋友圈。

下面用"一次活动增粉 33 万"案例串讲以上八大特点。

我曾经做过一个效果不错的裂变活动，一次活动公众号的粉丝数量增加了 33 万，PV 达到 2000 万。并且，这次活动所有的奖品赞助，包括线上流量，大部分都是通过 BD 来置换的。也就是说，实现了低成本、快速增粉。这个活动为什么成功？我总结了三个秘诀，如图 4-19 所示。

图 4-19　低成本、快速涨粉秘诀

构建裂变式传播

什么是裂变式的传播？当用户 A 参与活动后，发现分享、传播这个活动到朋友圈或者微信群等渠道，可以获得更多物质或者精神上的益处，用户 A 会主动进行分享。A 朋友圈的朋友 B 看到 A 分享的活动后，对活动感兴趣，B 会参与活动、转发活动，影响更多的人。周而复始，一个人变成两个人，两个人变成四个人，活动的传播链条就成为指数级的增长，这就是裂变式传播。

相信提到萌娃投票活动大家应该不会陌生，因为朋友圈、微信群经常会看到"请给我的宝宝投上一票"这样的留言。在 2014 年年底我做过一场叫作"360 儿童卫士寻找代言人"萌娃投票活动，一周之内增粉了 5 万，是当时比较成功的裂变式的传播活动案例，于是其他品牌开始纷纷效仿，可以说我策划的"360 儿童卫士寻找代言人"活动开创了萌宝投票类模式的先河。萌娃投票活动之所以成功，主要是因为抓住了家长们的晒娃、攀比心理，吸引家长参加活动，拉动身边的人为自己的孩子投票，在拉票过程中不断吸引新的家长参与其中。

虽然萌娃投票活动现在已经被商家玩儿烂，但吸引用户参加活动的方法如今仍然适用，接下来具体介绍一下。

深度优化排行榜

"萌娃代言人"活动设置一个排行榜，只要用户投票成功后，就会自动生成这样一个界面，如图 4-20 所示。上面会显示用户投票过的那个人现在是多少名，距离前一名还差多少票。

图 4-20　"萌娃代言人"活动设置

为什么要这样设置？试想，如果这个活动采用了常规的排行榜方式，也就是所有人都可以实时看到自己排多少名、多少票，参加活动比较晚的用户刚刚参加活动，可能只有一票，排在了一万多名，而此时排行榜第一名已经有两万多票了，参与者感受通常是差距太大了，玩下去没有意义，还是放弃吧。

所以，当时我这设置的排行榜是进入活动后，用户不能看到自己的排名，也不知道自己距离第一名到底相差多少票，只知道自己距离前一名相差多少票，这样设置会让参与者没有太大的悬殊感。这种排行榜机制下，票数的增加会带来快速的名次上升，提高了用户参与的积极性，让更多的人来参加进来，降低了流失率。

埋好引爆点

一场成功的活动，至少要预先埋好 1 ~ 2 个引爆点，如果没有埋好引爆点，再好的奖品设置，再好的活动形式也很难火爆。还是以"360

儿童卫士寻找代言人"活动为例,为了刺激更多的家长参与活动,在活动前期邀请了当时很火的几个小童星参加,童星的参与会给家长营造一种与童星同台竞技的感觉,让家长觉得活动含金量很高,更有动力来拉票。由于童星的参与吸引了很多有影响力的家长参加活动,增加了活动传播效果。

用户参加裂变活动的 4 个阶段

可以把用户参加裂变活动分为 4 个阶段:初见、了解、分享和离开。如图 4-21 所示,展示了用户参加活动的 8 大动力在裂变活动的 4 个阶段是如何应用的。

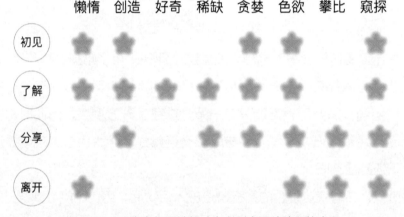

图 4-21　用户参加活动的动力在裂变活动阶段的应用

依图 4-21 内容,以下进行详细讲述。

初见:指的是我第一次在朋友圈或者群里见到这个活动,初次知道。

了解:指的是点开活动链接,详细看了活动界面、活动奖品、活动规则等,通过进一步的了解之后,用户再决定下一步是否要参加这个活动。

分享:用户觉得活动特别有意思,想让更多人知道,或者是分享之后对自己或者朋友有益处,会产生分享行为。

离开：每一个活动都有一个存活周期，在活动的策划阶段就要想如何让更多人在活动留存的时间更长一些。

再次用"360儿童卫士寻找代言人"案例进行拆解。

（1）初见阶段

1）懒惰："360儿童卫士寻找代言人"活动无论是PC端还是移动端，参加、分享、查询等页面做的都非常简单、易操作。

2）攀比：家长都认为自己的孩子最可爱、最萌，自己的孩子能够成为代言人，甚至是就算不得奖，能够参加代言人的评比家长都会感觉特别自豪。

3）创造：活动形式比较新颖，可以生成带有孩子照片的专属海报。

（2）了解阶段

1）稀缺：设置前10名有奖，并且根据预测的活动参与人数进行分档，让用户刺激用户参加。

2）好奇：活动都是有长尾效应的，排名靠后的参与者热情度通常不高，萌娃投票活动是怎么调动参与者积极性的？根据二八法则，前面20%的人带来80%的流量，但后面这是一个非常庞大的长尾，如果我们能让后面这些长尾每人每天去发一次朋友圈，就是一个非常大的传播能量，不断地量变下去。

当时我是这么做得，前1000名的人可以有抽取一等奖的机会。对于参与者来说，进入前1000名相对简单，付出成本非常低。加上一等奖奖品的诱惑，成功地调动起一部分长尾的参与积极性，让他们参与到活动中来。

（3）分享阶段

1）窥探：投票后参与者立刻就可以知道自己距离前面的竞争者还差几名，还差几票。

2）懒惰：不用进入活动页面搜索，直接输入编号即可投票，最大程度上降低用户的参与成本。

（4）离开阶段

1）贪婪：当用户比较容易地就能获得某种物质奖励或者是某种地位象征的时候，用户会想获得更多。在萌娃投票活动中，晒娃让家长感到心理上的满足，高价值的奖品让家长获得物质上的满足。在物质与心理双重激励下，增加了家长参与的黏性，让家长持续有拉票的欲望。

2）攀比：家长想要不断提高孩子在排行榜的排名、获得更高的荣誉。

4.2.3　能力

有了产生行为的动机还不够，还要有促使行为发生的能力。比如，一个穷人想要购买汽车，他拥有购买汽车的动机，但是却没有足够的支付能力，所以最终无法实现购买行为。

我们可以通过以下两种方式来提升用户的购买能力。以下来具体解释一下。

第一种方式是提高产品的感知价值，简单来说就是提高用户的购买欲望，让用户觉得产品很有价值，一定要买。

第二种方式是降低购买行为的门槛，降低消费者行为的成本。在现实中，用户主动学习某项技能或知识后配合我们的产品使用或活动的情况很难发生，所以需要我们通过简化操作行为来提升用户的能力。结合实际活动策划的经验，我在 Fogg 教授观点的基础上做了略微调整，总结出影响用户参加活动的 3 个限制因素，如图 4-22 所示。

（1）行动成本。比如，你特别崇拜的运营大咖即将在北京某酒店讲授运营进阶课程，课程长达 7 天。你可能会因为时间、地点等因素犹豫，但是如果是该大咖录制的线上课程，你就可以毫不犹豫地参加了，把线下课程线上化其实就是为了降低学院的行为成本。外卖、网购等也是降低了行动成本，让用户在家足不出户就可以吃到美食、买到漂亮的衣服以及生活必需品。

图 4-22　影响用户参加活动的 3 个限制因素

（2）学习成本。像"一键排版""海报模板生成器"这类产品为什么可以受到大量运营人的欢迎，是因为就算没有 PS 基础，也可以轻而易举的做出活动海报，模板式的操作降低了运营人的学习成本，

（3）决策成本。前不久看到一个案例，一个餐厅因为增加了"必点"两个字让营业额增长 300 万。为什么这两个字这么有威力？因为"必点"两个字像是商家给到顾客的明确的行动指令，降低了消费者的决策成本。所以，现在一般的餐饮店都会标注"必点""金牌""畅销""热卖"等字样。其实，关于这点电商运用的也很频繁，算是常规操作。再比如，淘宝上按"销量"排行，按"信用等级"排行，道理都是一样的，都是为了降低消费者的决策成本。

如果你提供给消费者过多的选择权，这未必是好事，因为会导致消费者选择困难。人们面对过多的信息，反而无法做出决策，或者并没有能够做出对商家而言更有利的选择。因此，请格外关注以下三点：第一，你要给消费者选择权（提供多个产品）；第二，在多个选择中放置一个最优选择（包装最具性价比产品）；第三，如果消费者并没有按照你的期望选择最优产品，你要明确指出（必点，热卖）。

4.2.4　触发器

人们的行为并不完全是自己主动选择的，而是在社会情境和个人因素的双重作用下产生的。可以把触发器简单理解为外部刺激，外部刺激一般可分为两种：一种是利益刺激，另外一种是场景刺激。

利益刺激：比如，我每天路过一家餐馆，想要去吃，也有消费能力，但是看到很多人排队，就不愿意花费时间去等，也就一次次错过了。可是有一天，这家店半折促销，我就没有犹豫，直接进去消费了。上面提到的"半折促销"就是触发器，用利益刺激用户马上行动。

场景刺激：比如，在知乎回答的问题被其他用户点赞，知乎就会推送"你的回答获得 XXX 的赞同"。本来并不想打开知乎的，看到推送就让很多人想要打开知乎一看究竟，是谁点了赞同。"点赞推送"可以看作是一种触发器。但不要任何场景都给用户推送消息，而是要看时机，被点赞可以让用户产生一种虚荣感。

改变消费行为的发生，要让用户积极参加活动，必须要具备以下三点：第一，要有足够的动机；第二，要有足够的能力，让消费者有能力完成；第三，提供合宜的外部刺激——触发器。

4.3　策划引爆朋友圈活动的 5 个步骤

4.3.1　线上活动有什么好处？

在讲述如何策划爆款活动之前，首先明确一下我们为什么要做线上活动？以下列举了三条线上活动的优点，如图 4-23 所示。

第一，降低传播成本。线上活动奖品的费用远比投广告的价格低得多。

降低传播成本　　　　　有趣的活动形式　　　　便于整合资源

便于传播

图 4-23　线上活动有什么好处

第二，有趣的活动形式可以促进品牌传播。比如，招商银行做的番茄炒蛋 H5 传播活动，网易云音乐做的歌词的评测活动等，这类能够真正戳中人内心的活动形式可以为品牌增加非常大的曝光量。

第三，便于整合资源。线上活动是整合行业、异业资源的有效手段。

我曾在很多线上平台、企业内部进行分享，很多学员特别爱听案例分析，听完案例后热血沸腾，觉得自己也能做同种类的爆款活动。但真正实操后会发现，活动的效果与预期相差甚远，因为每个企业的产品不同，目标用户群体也不相同，一味模仿很难达成效果。如果你问我现在"萌娃投票"活动还会火爆吗？说实话很难，因为类似的活动太多，用户已经参与疲劳了。

4.3.2　引爆朋友圈活动的 5 个步骤

很多人错误地认为，做活动最重要的就是创意，想好创意执行就可以了。但这样做往往会忽略很多细节。一个完整的活动应该遵从以下这五个步骤，如图 4-24 所示。

（1）调研。调研阶段的核心是明确目标群体有哪些特征以及对现有资源进行分析。

（2）策划。活动策划案一定要细致，具体到活动的每一个时间节点，每一名工作人员需要做什么。

图 4-24　活动策划全流程

（3）筹备。筹备阶段要做好活动的各项准备工作，比如活动需要的文案、海报、奖品等。

（4）执行运营。在执行阶段要注重观察活动数据，以及手机用户的反馈，根据活动数据、反馈及时对活动进行调整。

（5）复盘。很多活动策划者不善于总结，活动结束后并不知道活动有哪些优点、缺点，即使策划过多场活动，活动效果并没有明显提升。

接下来，将详细介绍一场完整活动必经的五个步骤：

第一步，做好活动前调研是引爆朋友圈的前提

做好活动前调研是裂变活动火爆的前提。活动前调研包括用户画像、内部资源分析两个方面。

用户画像的绘制方法可以参考以下两种：第一种是比较常规的方法——调查问卷。第二种是做小组调研或一对一访谈，找到核心用户后，与该用户像朋友一样交流，深入了解其到底是什么样的人（从哪个渠道了解的活动信息、为什么关注这个活动、什么样的激励措施能促使其进行分享、对活动有什么建议等）。

完整的用户画像还包括用户所在的地域、年龄、经济状况、消费能力、家庭状况等。总之，用户画像做得越精细越好，如图 4-25 所示。

现有资源包括内部流量、外部流量、活动预算等。要充分利用现有资源，将其作用最大化，如图 4-26 所示。

图 4-25　活动参与者建立用户画像

图 4-26　分析现有资源

第二步，策划一场优质活动

一个完整的活动策划方案包含哪些内容呢？讲一个老套但实用的方法：5W2H 分析法。如图 4-27 所示活动方案中要包含以下七个方面：
WHAT（是什么）：活动的主题是什么？

图 4-27　5W2H 分析法

WHY（为什么）：做活动的目的是什么？

WHERE（什么地点）：活动地点在哪里（自己的平台，还是第三方平台）？

WHEN（什么时间）：活动什么时间开始？什么时间结束？各个时间节点需要做什么事情？

WHO（什么人）：目标用户是谁？工作人员如何分工？

HOW（怎么做）：具体的执行方案是什么？

HOW MUCH（多少钱）：需要的预算是多少？需要的外部资源有哪些？

以上活动方案中包含的要素分别对应活动主题、活动目的、活动载体、配套资源、活动形式、时间节点和参与人员，如图 4-28 所示。

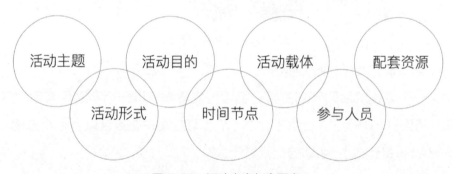

图 4-28　活动方案包含要素

（1）活动主题，活动的主题名称必须符合简洁、易记、易懂、易传播、有趣、相关六要素。如果主标题表述不清，可以添加副标题做补充说明，如图 4-29 所示。

（2）活动目的，活动目的可以分为六种，如图 4-30 所示。

第一种，唤醒，指现有用户沉淀不互动，通过活动唤醒这部分用户。

活动形式举例：唤醒用户有一个较简单的方式，即通知用户的好友或者家庭成员加入。LinkedIn 变得如此流行，其中一个原因就是让用户搜索他们认识的人，并且通过发送更新通知来吸引用户回来。告诉用户，自从他上次离开，有多少他们的朋友加入进来了。

图 4-29 活动主题

图 4-30 活动目的

第二种，召回，目标用户已不再关注，通过活动将其召回。

活动形式举例：以游戏为例，一旦你在游戏中消失一段时间，再次登录时就会收到系统自动发放的回归欢迎信和专属赠礼。

第三种，促单，通过活动增强用户对产品的信任，促进意向用户下单。

活动形式举例：限时抢购、预付定金抵双倍。

第四种，品宣，线上活动有很高的曝光量，是品牌宣传的很好手段。

活动形式举例：网易创意刷屏 H5。

第五种，拉新，吸引大量新用户成为粉丝。

活动形式举例：新用户优惠券、首单特权等。

第六种，促活，提高原有粉丝的活跃度。

活动形式举例：连续签到有礼等。

（3）活动载体，活动载体种类有很多，包含微博、微信、直播视频平台、线下媒体等。微博是广场式，可以带来大量的曝光；微信可以借助朋友圈进行裂变，通过群进行陌生流量转发、成交；直播和短视频，能给用户带来视觉冲击感，目前处于红利期，可以充分利用。同时，也不要忽略线下媒体，如图4-31所示。

<table>
<tr><td>微博</td><td>微信</td><td>短视频</td><td>线下媒体</td></tr>
<tr><td>互动和传播为主</td><td>曝光和传播为主</td><td>抖音、微视</td><td>…
…</td></tr>
</table>

图4-31　活动载体

具体活动载体需要根据活动的性质以及目标用户群体的特点，来进行选择。

（4）配套资源，配套资源可以分为四种：设计资源、开发资源、传播资源和运营资源，如图4-32所示。列举出活动中需要的所有资源与现有资源进行对比，梳理出缺少的资源以及如何才能让现有资源发挥最大的作用。比如，活动需要的工作人员不足，需要做好准备提前联系兼职团队或者外包团队。

（5）时间节点，时间节点主要有四个阶段：筹备期、预热期、引爆期、长尾期，如图4-33所示。这里重点说一下预热期，因为预热期是最容易被大家忽略的一个阶段，预热期的关键在于引发用户的好奇，让更多人对活动充满期待，为裂变活动积累一批精准的种子用户。

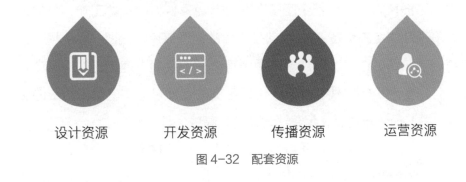

图 4-32　配套资源

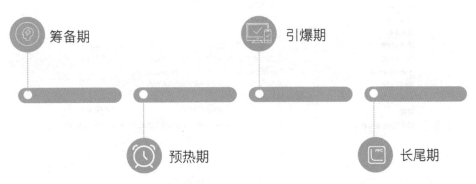

图 4-33　时间节点

（6）参与人员，参与人员按职能划分可以分为 9 种，如图 4-34 所示。

图 4-34　参与人员

如何做到有条不紊?

活动周期长，需要注意的细节很多，可以通过甘特图将全流程所需注意的事项都列入其中，如图 4-35 所示。甘特图是一张非常全面的表格，通过这张图可以了解到整个团队在每个节点需要做的具体工作，纵向是具体事项及对应的负责人，横向是具体的时间节点、日期，图中横条代表每一项工作的进度。通过这张图表可以发现活动进度是否按照原计划在进行，哪些工作出现了延期。出现延期的事项可以清楚找到对应的责任人，并及时进行调整，保障活动如期、高效进行。

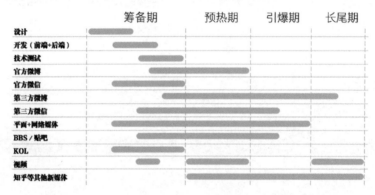

图 4-35　甘特图

第三步，做好筹备工作，执行时不再手忙脚乱

策划结束，接下来该好好进行筹备。在活动开始之前需要将所有物料准备好，比如文字、图片视频，以及活动当中的引爆点都必须提前准备好。只有这样，在执行阶段才不会手忙脚乱。

比如，公众号文案、朋友圈转发文案、客服话术等，可以参考图 4-36 所示。

想要做好资源整合，首先要想清楚 4 个问题，如图 4-37 所示。总结下来就是明确双方的需求，最终实现共赢。

在 BD 互换资源的过程中，有 3 点加分项：比如，你帮助过对方，他欠你人情；你有很强的亲和力、谈判技巧，与你交流让人感觉很舒服；你在行业内有很高的知名度，或者有很强专业背书；甚至是高颜值也可以让你有一定优势的。

图 4-36　文案素材准备

图 4-37　如何做好资源整合

第四步，活动开始，关注细节

筹备阶段完成，活动开始进入执行阶段。这个阶段要注意进行活动数据的监控，如图 4-38 所示，这包括文字云当中显示的用户分享率、用户留存率、页面流失率等。通过对数据的监控来保证整个活动更好、更高效地运转。

运营阶段的重点是要运营好核心用户。调研有影响力的核心用户在活动中遇到了什么问题，并给予额外的激励措施，刺激其分享，从而带来更多的流量。

在活动运营时一定要注意做好活动的二次传播。活动二次传播有两种方式：第一种是收集用户的高质量晒单、好评，进行多渠道传播；第二种在活动策划之初就埋好引爆点，自己设计好要传播的素材进行再次传播，如图 4-39 所示。

图 4-38　做好数据监控，进行细节微调

活动中产生　　　　　　　　　　　　　　　自行产出

图 4-39　素材整理后的二次传播

第五步，活动结束，及时进行复盘

复盘的方法有很多种，但较为简单方便的是 GRAI 复盘法，其分为四个步骤：G（Goal，回顾目标）、R（Result，评估结果）、A（Analysis，分析原因）、I（Insight，总结经验），如图 4-40 所示。

以下对复盘的四个步骤进行详细拆解。

第一步，回顾目标。首先要回顾活动的目标是什么，目标是否达成，目标是否出现偏离，做活动最大的禁忌就是忘记初衷与目标。因此，在复盘时，要对项目目标进行回顾：活动的整体目标是什么？阶段性目标是什么？回顾目标是客观地把活动目标进行再次确认的过程，可以检验当初定的目标是否存在问题，如图 4-41 所示。

图 4-40 复盘的四个步骤

是否偏离   是否达到

图 4-41 回顾目标

第二步，评估效果。这是将活动最终数据与目标数据进行对比，通过群裂变人数、转发人数、好评率等目标数据和最终数据的对比，以此来评估数据完成情况，如图 4-42 所示。活动的完成情况一般有以下四种可能：

图 4-42 评估效果

最理想的完成情况——结果超出目标；

较好的完成情况——结果与目标一致；

较差的完成情况——没有达成目标；

意外情况——活动过程中增加了新的目标。

评估效果的目的不是为了甩锅，而是为了更好地发现问题，只有发现问题，才能根据出现的问题分析原因，最终解决问题。

第三步，分析原因。分析原因是复盘的最关键步骤，分析原因可以从流程问题、运营问题、规则问题、图片/文案问题以及流量问题五个方向出发，如图4-43所示。分析原因以及各关键节点的得失，思考并设计相应的优化方案。

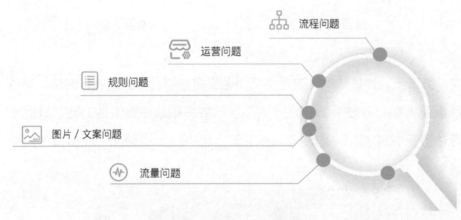

图4-43 分析原因

第四步，总结经验。不进行经验总结，只停留在问题表面的复盘是不完整的，复盘效果也会减弱很多。总结经验是为了确定改进计划，比如哪些板块可以延用，哪些板块需要删除。此处要注意一点，改进计划不能罗列过多，同时要列出优先级，否则团队人员容易分不清主次，无法全部落实。

复盘后的改进计划要形成文字反馈，不断优化，形成螺旋上升态势，如确实有效，则可以进一步整理。

以上就是活动策划的全流程，活动最重要的不是创意，不是一次爆红，而是要找到适合自己产品、匹配目标用户的裂变活动，把握好活动的每一个细节，形成裂变活动的 SOP，长期坚持做下去。

4.4 【案例拆解】2 天新增 5600+ 好友，私域流量就该这么玩

活动介绍：

2019 年 5 月 30 日，三节课邀请龙共火火＆鉴锋做直播课程"2019 新媒体趋势揭秘"。此次活动，三节课主要利用群鲸个人号工具，将精准流量导入个人号及微信社群。2 天时间，个人号净增粉丝 5600+，打造了精准的私域流量池。同时，课程结束后，及时推送新媒体课程秒杀活动以刺激转化，课程销量提升 15 倍。

用户路径如图 4-44 所示：

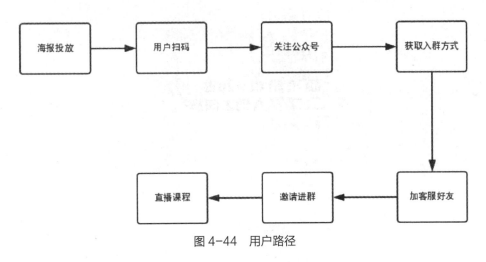

图 4-44　用户路径

此次活动流程介绍如下：

（1）在朋友圈或公众号中可以看到活动海报，如图 4-45 所示，扫码关注三节课公众号即可。

（2）关注公众号后，公众号自动发送课程通道。点击课程通道，会有课程的详细介绍，直播流程等，如图 4-46 所示。

图 4-45 活动海报

图 4-46 课程介绍

（3）点击"立即参加"即可获得活动小助手二维码，识别即可加好友成功。小助手会自动发送"课程信息"及邀请入群，如图4-47所示。

图4-47 活动小助手二维码与入群邀请

（4）入群后，老师会在群里提醒开课时间，偶尔也会在群内互动一下。课程结束后，会推出相关的专业课程"新媒体P1系列课程"+"新媒体P2系列课程"，并开启秒杀价，如图4-48所示。

（5）课后准备，课程回播及第二天晚上可趁热打铁临时再加一次答疑直播。

此次活动具体拆解如下：

（1）投放渠道：三节课此次活动，除了自己的渠道（朋友圈＋公众号），还连同合作方一起发放海报。尽量扩展渠道，吸引种子用户进群。

图 4-48　相关课程介绍

（2）课程设置：课程选题结合了目前两大热门话题"微信对公众号的各种政策调整后新媒体人的出路"+"私域流量"。同时，直接做成了免费的直播，门槛低，吸引精准用户入群。

（3）嘉宾邀请：邀请了运营界比较有名的两个嘉宾："龙共火火"和"鉴锋"，增加了此次直播课程的权威性与专业性。

（4）工具使用：利用群鲸，将多个微信号托管在同一系统，并利用群鲸的被动拓客功能，创建活动活码链接，实现扫码随机分配个人号，进行粉丝分流，避免因微信号单日加好友的 200 上限而导致用户流失。

同时，群鲸能实现自动通过好友申请，并邀请好友进预定群，提高了加好友及进群的效率，从而实现快速将粉丝分流沉淀在个人号上。

（5）私聊话术：加客服好友后，群鲸会自动发送一段预设的话术，并邀请其进群。话术设置上，介绍了嘉宾，课程内容，同时也巧妙且真诚地邀请大家把这么好的课程分享给好友，达到了引导用户分享的目的。

（6）刺激转化：课程结束后，及时在群内推送相关课程的购买链接，并设置了×××元价格的秒杀活动，相比以前的价格，优惠很明显。用这样的方式直接刺激用户付费购买课程，实现了课程销量翻倍的效果。

第 5 章
定向成交：找到精准用户，快速成交

 **背景介绍**

　　很多人认为，成交的关键是成交话术是否足够优质，以及给用户展现的页面是不是足够高级。但实际上，当我去问很多的顶级销售人员销售秘诀是什么的时候，他们往往会告诉我，关键就是要找到那些当下乐意去买单并且容易买单的用户，也就是说找到精准用户是关键。然后，不断地提升用户对你的信任度，当他们有需求的时候，第一时间就可以想到你和你的产品，即心智预售，这样成交就会事半功倍的。

　　要实现定向成交需要完成以下两步：

　　第一步，找到精准用户；如果觉得用户成交很困难，那很有可能是找错了用户。可以通过渠道、内容等筛选出真正容易买单，并且对于产品的信任值已经积累到一定程度的用户，这些用户的成交率会比较高。

　　第二步，让更多人转为精准用户；也就是要不断增加用户对产品的信任感。如何能让用户的信任感不断递增呢？可以通过增强信任9要素提升用户对你的信任，提高成交转化率。

　　在这里，我要强调一句话：认知大于事实。如果你不能让用户认知到你的产品优势，你的产品再好也是无法成交的。

　　本章所讲的内容重点就是要告诉大家如何利用增强信任9要素让用户的信任感不断递增，从而达成零风险成交。

定向成交的关键不是成交话术，而是能否找到好成交的目标用户，通过刚需引流将其沉淀到自己的私域流量池（服务号＋个人号＋社群＋小程序），并运营好私域流量池。

通过增强信任9要素可不断提升用户对你的信任，提高成交转化率。在这里我要强调一句话：认知大于事实。如果你不能让用户认知到你的产品优势，你的产品再好也是无法成交的。

5.1 优质落地页打造：增强信任 9 要素

为什么重视落地页？

落地页是企业最容易忽略却又最重要的一环，它起到承接流量、转化用户的重要作用，是营销过程的终端环节。落地页不是创意稿，好的落地页一定要从产品和营销的整体策略出发。

如何提高用户的浏览量、留存时间、转化率，这些都需要市场部门反复推敲。触达用户的留存率、成单量等数据更是考量一个落地页设计好坏的标准，所以设计落地页要把目标作为终点，将每部分素材整合起来看，连成一条整体的营销线性思维，引导用户完成转化。

落地页有以下两种类型：

点击型落地页和线索生成型落地页。分别用作商品价值展示和用户资料收集。

1. 点击型落地页

点击型落地页就是在落地页上会有按钮让用户点击跳转到电商页面（如京东、淘宝、企业官网等），这种落地页起到了流量承接的作用。

当流量被接引到网页上，用户通过点击上面的按钮进行下一步操作，点击型落地页则会承接整个流量，为其他页面做分发和转化。

点击型落地页多为商品展示和活动告知，用户通过点击型落地页了解到产品和服务，如果用户有需求，则会进行下一步操作，落地页的目的也就达到了。

2. 线索生成型落地页

这种落地页的页面设置是一个信息表，当推广带来的流量进入落地页面时，这个页面需要用户填写相关身份信息，从而快速收集用户的信息。

常用的表现形式有优惠券发放、直接注册、预约报名等。收集线索的落地页多用于收集用户信息，通过页面的文案和图片，向用户展示自己的活动或商品，再通过优惠的价格和赠品刺激用户报名。

企业获取到用户的个人信息后，可以通过后续营销活动或渠道推送，将潜在用户变成转化用户。

增强信任 9 要素[一]

一切成交都是信任的递增，所有产品宣传和售卖都在解决消费者的两大问题："我不知道你是卖什么的？"和"我为什么要买你的产品？"

经过大量的理论分析和实践证明，我们发现以下 9 种心理学要素，如果使用得当，可以极大增强人们对产品的信任，并从多个维度让人们加深理解，从而引发购买。

这 9 种要素应用于各种各样需要去说服人的场景当中，如图 5-1 所示。比如，营销落地页、微信一对一对话、销售话术、海报、朋友圈等。只要你把这 9 种要素按照适当的逻辑顺序跟别人说出来，大多数人对产品的理解将会清晰，信任将会逐步递增，最终达成成交。

图 5-1 增强信任 9 要素

[一] 内容部分参考媒老板商学院线下课程"引流与成交"与罗伯特·西奥迪尼的著作《影响力》《先发影响力》。

以下对增强信任9要素进行具体讲述。

（1）使命：设置目标，如图5-2所示。

宏伟目标：让天下没有难做的生意
激发渴望：成为合伙人，一起月入百万
塑造希望：只要你努力，你也可以像我一样

图5-2　增强信任9要素：使命

人们在做事情的时候，都希望拥有更多的使命感来驱动行为，因为他们需要知道自己努力的目标到底是什么。

（2）联盟：身份认同，拉近距离，如图5-3所示。

优秀同伴：同事都是哈佛和耶鲁毕业的高材生
强大组织：我们来自世界500强公司
熟悉属性：我也是天津人，跟你是老乡

图5-3　增强信任9要素：联盟

人是群居动物，十分需要认同感。因此，他希望可以找到更加优秀的同伴，加入一个强大的组织一同前行。在对外介绍中，他可以自豪地说出自己的身份。

（3）对比：巨大反差，如图5-4所示。

强烈的反差可以有效吸引用户的注意力。比如，效果对比、价格对比、竞品对比。

（4）互惠：让消费者觉得亏欠你，如图5-5所示。

占便宜是人类的天性，为用户提供高价值免费的内容，让消费者觉得亏欠你，从而让他们产生一些对企业有利的行为。

效果对比：减肥前后对比小视频
价格对比：每天1元钱，学会编程技术
数字对比：三本毕业一年，月入十万

图 5-4　增强信任 9 要素：对比

优先给予：超市送赠品活动
引发裂变：赠一得一
引发转介：转介绍成功加2000积分，
新用户立减200元

图 5-5　增强信任 9 要素：互惠

（5）社会认同：从众心理，如图 5-6 所示。

客户数多：已有23789人购买
订单接龙：群内10分钟279个订单接龙
历史数据好：90%用户满意度，72%复购率

图 5-6　增强信任 9 要素：社会认同

人类的行为会在相当程度上受到周围人的影响。其中两个维度是产生影响的主要因素：一是从数，二是从权。

从数：很好理解，很多人都会觉得大多数人都在做的，就是好的。淘宝的销售数据、奶茶店门口的长队等都是从"数"出发，让人产生热销错觉，触发从众购买，从中获利。从权：就是以权威为标杆，使人趋之若鹜。比如，普通人吃野菜就是贫穷，富豪、明星吃野菜就是养生。

比如，1 年内累计 ×× 人报名、98.8% 的学员来自朋友推荐、每分钟 ×× 人报名、复购率 90%、转接率 60%。

（6）承诺一致：说到做到，如图 5-7 所示。

承诺一致
说到做到

0风险承诺：XX水果不好吃，免费退
主动承诺：我承诺每天打卡，连续14天
兑现承诺：给出实现承诺的证明

图 5-7　增强信任 9 要素：承诺一致

承诺就是商家的保证，一致就是商家兑现承诺。但是，我们为什么会不相信商家的承诺一致？原因在于一致。

那么，如何在一个地方实现承诺一致？举个例子：有一个专做高考提分的培训机构，做了以下三种广告：第一种广告，静态对比图，一张图是"第一次月考数学 50 分"，另一张是"期末考试数学 110 分"。第二种广告，gif 动图，从第一次月考开始，每次月考的成绩，用动态图片展示出来。第三种广告，将老师的高校背景、优秀的教学经历、所教学员取得的好成绩等内容整合成一个视频，从而突出教学成果好。从信任度来讲，这三种广告是依次递增的，为什么会这样？这就要回到承诺一致。

这个因素的正确用法是：前文做出承诺，下文做出常理上认可的实现承诺的保障措施和成功案例。通过这样的方式，可以保证承诺一致性在转化中的作用：让用户产生轻度信任。

其实，我们可以考虑给用户提供零风险承诺以及完善的售后保障从而让他们更容易成交。比如，不好吃免费退；不通过学费全退；7 天无理由退款等。

我们也希望让用户可以自己做出承诺。比如，我决定加入 21 天训练营，每天打卡不间断！这样承诺一致的力量就会促使他们按照说的去做。

（7）权威：信任转移，如图 5-8 所示。

专家证言：刘亦菲御用服装师
媒体报道：央视财经频道曾报道过的饭店
外部标志：官方认证的头衔、特殊的衣着

图 5-8 增强信任 9 要素：权威

权威就是自带信任，实现的途径有很多，比如，专家证言、检测报告、资质证书、媒体采访、名人代言等。而权威在转化中的作用，是把权威的性能转嫁到产品和服务上，又叫信任传递。

比如，刘亦菲专用化妆师；天津三大名小吃之一；央视财经频道曾报道过的人物等。

（8）喜好：刚需诱惑，如图 5-9 所示。

解决刚需：学会这个，让你0成本获客
损失厌恶：赠送满100减50优惠券
拉近距离：我和你一样，也曾经失败过

图 5-9 增强信任 9 要素：喜好

唤起用户的痛点，让用户远离痛苦，这是喜好的目的。在文案或标题中，可以帮助用户建立愿景，解决并告知解决的办法。

（9）稀缺：制造紧迫感，如图 5-10 所示。

"过这个村就没这个店了。"这是销售最常用的话语。细细品味下，这句话带着一种紧迫感，并暗示用户可能会失去某种东西，而这一切都在

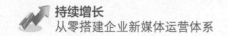

无形中促使着用户产生转化。

限制时间：优惠倒计时11分钟，即将涨价
限制数量：还未推送，仅剩32个名额
限制资格：仅限训练营学员购买

图 5-10　增强信任 9 要素：稀缺

根据心理学家研究，人们在面对类似数量的收益和损失时，认为损失更加令他们难以忍受。同量的损失带来的负效用，为同量收益的正效用的 2.5 倍。关于此项心理的应用，最熟悉的就是电商文案了，比如，"仅限今天""今天五折""错过再等一年""优惠倒计时 5 小时"等，都在不知不觉中促使用户产生紧张心理，暗示用户如果不做出行动就会失去了。所以，在使用该理论时，可对用户描述失去该产品后的场景，从而促使用户产生转化行为。

新奇类产品如何做好落地页？学会了增强信任 9 要素后，我们就要关注如何通过合理的排序让他们发挥更大的威力了，如图 5-11 所示。

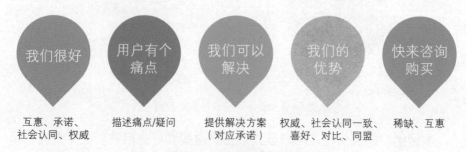

图 5-11　如何做好落地页

第一步：我们很好。

对于一款新奇类产品，由于用户还不够了解你，也不够信任你，因此在最开始的时候要用更多的承诺、社会认同、权威等证明你真的很好，这样才能加速用户对你的信任进阶。

第二步：用户有个痛点。

通过洞察用户的需求和痛点，用文字和图片唤醒他们紧迫的需求、疑问、痛点。

第三步：我们可以解决。

针对上文的承诺和痛点提供详细的、具有极强可信度的解决方案，如果是 H5 页面，可以使用短视频等去证明解决方案的可信性。

第四步：我们的优势。

通过第三方媒体和机构的权威认证、明确数据的社会认同、竞品对比等方式向用户阐述我们的优势。

第五步：快来咨询购买。

最后，使用限时、限量、限资质等方式为用户提供一个立即行动的理由（触发器），以加速成交。

5.2　打造优质个人号 + 朋友圈

经营个人号的两个理由。

理由 1：微信个人号是优质的私域流量池。

微信个人号是一个优质的沉淀私域流量的阵地，可通过朋友圈和微信一对一对话，实现用户的多次触达，所以前两章讲述的引流、裂变环节吸引到的大量流量都在微信个人号沉淀了用户。一个个人号粉丝的价值要远超过公众号粉丝，针对个人号粉丝可以进行一对一对话以及朋友圈互动，而且每天可以进行不限次数的沟通。

理由 2：一个个人号就是一个最小的经营单位，个人号能实现引流、转化、复购、转介绍的商业闭环。

明确了经营个人号的重要性，下面说一下微信个人号使用的 3 个场景，如图 5-12 所示。

适合成交方式：   适合成交方式：一对多、   适合成交方式：一对多、
一对一沟通成交   多对多的批量成交   批量成交

图 5-12　微信个人号使用的 3 个场景

1. 个人号

适合成交方式：一对一沟通成交。

机构如果有优惠活动等信息，可以通过群发助手功能，让目标用户及时知晓，这时候个人号的优势就很明显了，比较方便一对一沟通成交。

2. 微信群

适合成交方式：一对多、多对多的批量成交。

社群适合成交高客单价的产品，因为价格比较高，消费者会比较谨慎，在购买高价产品前，一般需要更多铺垫。微信群成交的具体方式将在第 6 章具体讲述。

3. 朋友圈

适合成交方式：一对多、批量成交。

朋友圈可以直接成交低单价、高复购的产品，因为价格低，用户做购买决策较轻松。朋友圈成交的具体方式将在下一节中具体讲述。

三步让微信个人号成为转化利器

无论是个人号成交、微信群成交还是微信朋友圈成交，自我介绍、微信个人号设置和朋友圈发布都是核心引流和促成转化的基础。

第一步：一段话自我介绍。

一段话自我介绍形式可参考：优点 + 证明点 + 利益点，以我自己为例。

优点：朱少锋 企业持续增长顾问

一场活动低成本增粉 33W，PV2000W。

两个月将知识付费项目从 0 做到 128 营收。

两个月内为某 C 轮教育企业提升转化率 269%，预计营收增长超 2000W。

证明点：曾任跟谁学商学院新媒体总监、360 儿童新媒体负责人，为清华大学、海尔集团、三节课、笔记侠、纳米盒、新东方等 500+ 教育企业提供培训 / 咨询服务。

利益点：现在，我将利用系统思维与互联网思维为拥有优质教育产品的企业提供培训与咨询服务，助其搭建完善的持续增长运营体系，实现从流量到流水的转化。

第二步：个人微信号设置。

头像：表现出自己的特征，可以是漫画头像、真实画像、品牌标识。如图 5-13 所示，为我的个人微信设置截图。

微信号：简单易记，与你的微信昵称相对应，如果有多个微信可具有相关性。

个人签名：通过一句话，让别人了解你是个什么样的人、从事什么工作、具有哪些专业性。

好友标签管理：微信分类有很多方式，我们使用最简单的方式可以把微信好友划分为未成交用户、成交用户、KOL 用户三大类，如图 5-14 所示。

图 5-13 个人微信设置

图 5-14 微信好友分类

第三步：朋友圈发布方法。

（1）朋友圈发布内容

朋友圈发布的内容，将直接决定客户对我们的评价，因此微信营销必须循序渐进，切记频繁刷屏或发布一些没有意义的广告。一个优质的朋友圈不应该充满广告，毕竟人们想认识的是一个有血有肉、有思想、有趣的人。

打造优质朋友圈可将工作与生活的比例设置为 4:6，具体发送内容可包括：产品展示、实景案例、团队文化、个人形象、个人学习、干货金句、有趣互动等。通过朋友圈内容树立专业形象，让陌生人信任你，从而增加转化概率，如图 5-15 所示。

- 不要让广告充满你的朋友圈
- 人们想认识的是一个有血有肉、有思想、有趣的人
- 要让别人相信你的专业度
- 只有别人信任你，才能去使用你推广的东西
- 适当晒出用户评价
- 工作与生活的比例是4:6

图 5-15　朋友圈设置

（2）朋友圈发布时间

早上 7：00 ~ 8：00：起床后或在上班的路上，用户喜欢浏览手机；

中午 12：00 ~ 13：00：工作日，午休的时间属于个人休闲时间，用户喜欢刷朋友圈打发时间；

晚上 20：00 ~ 22：00：下班吃完饭，一天中最放松的时间段。

（3）朋友圈展现形式

朋友圈玩法的核心是打造人设，人设建立的核心在于细节，同样的内容，不同的展现形式转化率也可能会大相径庭。朋友圈内容发布形式可以采取图配文形式，视频配文字，切忌只发单一的文字、图片、视频。尽量不要超过 150 个字，否则就会出现隐藏。

（4）朋友圈展示印象

朋友圈要向用户展示三种印象，如图 5-16 所示。

（5）需要注意的细节

总结了几个需要注意的细节，在具体实践过程中还要多加注意。

我很忙，但很有干劲　　　我很强，对你有用　　　我很有趣，快跟我聊聊

图 5-16　微信朋友圈的展示印象

① 标记所在位置：标记位置主要是为了增强用户的体验和信任感，用户看到这个地址，可以在线搜索，也可以根据地图导航去现场体验。

② 提醒给好友查看：在朋友圈发布内容，"提醒谁看"可以选择提醒 10 个好友，这个功能可以帮助你精准触达目标客户，促成成交。

③ 复制、评论：朋友圈发布文字超过 6 行就会折叠起来，必须要点看全文才能看到，想要让大家看到全文内容，可以把发文的内容直接复制，以自己评论自己的方式展示出来。这样大家就可以在刷朋友圈的过程中看到你的全文。

朋友圈成交的原理是通过微信朋友圈对用户进行潜移默化的全方位教育，从而构建强大信任，通过剧本设计制造用户对产品的狂热期待，最终让成交犹如瓜熟蒂落，水到渠成。

换句话说，朋友圈内的转化，不是主动推销，而是让用户参与价值体验，主动关注你并和你聊天，这个时候再给他好处，他就会尝试你的产品，也更容易产生购买行为。

在这个全民微信的时代，很多人想借助微信赚钱，于是开始疯狂在朋友圈刷屏，朋友圈成了广告的重灾区。但是，这些朋友圈刷屏广告只是一个个简单的广告堆砌，惹人心烦。刷屏广告不仅很难转化成交，还容易让人拉黑，很多商家在朋友圈大声唱着独角戏"我的货好，快来买。"但基本是没有人搭理。

这其中最大的问题就是没有逻辑框架，也就是缺乏一套高效的朋友圈

成交流程。一套完整的成交体系为：与陌生人加微信好友—看到你的头像—签名—朋友圈背景—朋友圈内容—主动和你聊天—成交—复购—转介绍的过程。从用户成交心理变化出发，可以理解为是陌生人从对你感兴趣—信任你—认可你—购买—复购—口碑裂变的全过程。如果想通过朋友圈产生成交并获利，对于成交流程中的每个节点，都应该去一步步精心策划、实践并复盘。

据最新数据显示，目前朋友圈的打开率是 12%~16%，并且呈逐年下降的趋势。那么，如何让活动一上线就在朋友圈有足量曝光，迅速引爆呢？我结合微信朋友圈的特点，提炼出一套适用于微信朋友圈的成交法——浪潮式发售。

5.3 最好的成交方式：浪潮式发售

浪潮式发售是指在产品发售之前，大家已经通过一系列的预告、预售，知道有产品即将要发售了。但是他们不知道具体的产品价格，或者说还不能对产品产生购买。

我们通过序列式的活动，一点点向他们揭秘。同时，在逐步揭秘的过程当中，与他们进行充分的互动，提升他们的参与感。在频繁的互动当中，容易与用户建立更深的链接与信任，让他们对最后的发售产生期待。

浪潮式发售是一套有流程、有节奏，环环相扣的成交流程，可分为三个阶段：造势、预售、发售，如图 5-17 所示。

造势

造势的核心就是勾起客户群的好奇心，吸引消费者让其知道将会有一个产品发布了。并且这个产品能够解决消费者的某一个痛点和问题，在其他渠道是买不到的。通过造势，从流量群里面，挑选出关注动态的精准潜在客户，把消费者的欲望持续调动起来，这就是造势的关键。

图 5-17　浪潮式发售三个阶段

造势最理想的状态就是让用户对发售日充满期待，每个人都像小孩子一样会期待某个特殊的日子，比如生日、圣诞节，如果能触发客户的期望与好奇心，将会给他们带来很强的愉悦感，再如苹果、小米的产品发售日，会引发很多粉丝的热切期待，如同过节一样。造势是发售阶段的第一步，如果造势做不好，收获不了关注度，那么后续再多的预售和发售手段，都是枉然。

预售

预售可以分为三个阶段：你为什么应该在意我；你的生活会产生哪些改变；发布产品信息，如图 5-18 所示。

第一阶段：你为什么应该在意我。

为什么潜在客户要注意你，答案就是产品能够解决用户的痛点问题。

你要让你的客户变得与众不同，而你在为他提供转变机会。一般情况下，人们不购买你的产品，第一个原因是他们对你的产品没兴趣；第二个原因是没钱；第三个原因是不信任你；第四个原因是他们觉得你的产品不适合他们。而你要做出能够给他们生活带来变化的承诺，告诉客户他们为什么需要听你的，向潜在客户传递价值。

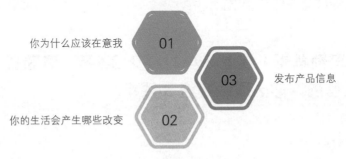

图 5-18　预售的三个阶段

第二阶段：你的生活会产生哪些改变。

在这个阶段要教会大家一些真正有价值的小窍门或技巧。首先，你要对第一阶段内容进行总结，回顾你的承诺和他们为什么要听你的；其次，进行案例研究或教给客户一些实用的东西；最后，要解答客户的一些疑惑。

第三阶段：发布产品信息。

在这个阶段，你要继续为潜在客户创造价值，不要急于号召他们买你的产品。在预售中，最重要的就是制造惊喜和悬念，把这个过程想象成电影剧本或者小说，随着故事发展，直至高潮。这个阶段一般包括表达你的感激和兴奋之情，回应大家问你的几个重要问题，向潜在客户讲述你的规划，将话题中心转向产品推荐。

发售

有了前两步的准备，到了发售阶段，实际上就很简单了，只需要顺势把产品和项目推出来即可。

一场朋友圈发售活动一般持续 3 ~ 7 天，朋友圈每天发送的内容可以参考以下 7 个主题：①打造产品稀缺性；②提升产品价值感；③吸引客户关注度；④拉近客户信任度；⑤抬高客户期待值；⑥烘托热购强氛围；⑦刺激快速购买欲，每天发 2 ~ 4 条朋友圈，专打一点。具体可以参考前面提到的增强信任 9 要素。

5.4 【案例解析】线上 2 小时成交 32 万，浪潮式发售前，你必须做好这 3 件事

案例背景：

产品：定价 999 元的"高山大学·科学商业年度课"（该课程融合笔记侠"知识精炼"基因，还原高山大学线下学费 68 万元的科学课程，学习方式为线上视频学习）

发售渠道：营销场景为微信朋友圈，发售为社群成交。

操盘人：朱少锋

结果：上线当晚，成交 68 万元

2019 年 6 月，我与笔记侠达成合作，正式成为笔记侠企业增长咨询顾问，助其优化企业增长流程。操盘的"高山大学·科学商业年度课"发售活动，仅通过"朋友圈 + 社群"发售的渠道，按照浪潮式发售的方式，发售当晚就成交了 68 万元。

接下来，我将对"高山大学·科学商业年度课"朋友圈发售活动进行拆解，看看发售前是如何使用朋友圈符合浪潮式发售条件的。

（1）拥有足够庞大的有效社交链接。

笔记侠有 8 个个人微信号，通过干货的输出积累了一大批活跃度非常高的忠实粉丝，朋友圈每天保持 3 条的活跃度，并通过学员赋能、福

利分发、问答互动等方式，与粉丝保持紧密联系。

（2）发售前准备了多篇发售的爆款文案。

在浪潮式发售期间，笔记侠共写了多篇长文案，在引起学员欲望、发布学员证言、以及找到权威支撑方面做了充足的宣传准备。

（3）结合产品优势，充分依照发售公式所需的客户心理来准备物料。

在浪潮式发售前充分调研产品优点，结合增强信任9要素，制作落地页及发售宣传阶段、发售时所需要的物料。

那么，笔记侠是如何把握用户心理并通过文案、图片、短视频等形式进行相应的证言和说服呢？

权威感：大咖校董、学员、讲师组成的全明星阵容。

互惠心理：输出高质量干货，给予粉丝各种有价值的回报，锁定粉丝的互惠心理。

信任感：笔记侠 CEO 以自述的形式介绍从刚接触高山大学到报名高山大学线下课程再到与高山大学合作线上课的初衷，这个过程是一个建立信任的过程。

期望：制作倒计时海报，每天有一个优势介绍，引起学员和粉丝的注意和期望，如图 5-19 所示。

亲和力：笔记侠 CEO、班主任个人微信号经常在朋友圈中展示的工作和生活，与粉丝亲切交流，并慷慨为粉丝提供帮助，让影响力辐射更深更远。

重大活动与仪式感：广泛宣传确定的发售日期，进行倒计时塑造出重大活动的仪式感。

联盟：跟知名科学家学习，与明星、企业家成为同学。

稀缺性：高山大学线下课程录取率低，以及限时优惠政策，让意向用户有紧迫感和稀缺感，提高购买的热情。比如，在过去一年，高山大学共收到 1117 份有效的入学申请，但最终录取学员为 30 人，录取率为 2.7%，每次报名都非常激烈，突出线下课程稀缺性，刺激粉丝购买线上课程。

图 5-19　制作倒计时海报

社会认同度：超高质量讲师团以及大咖、明星学员，塑造强大的社会认同感，吸引更多粉丝产生好评，引导意向用户做出购买决定。

建立良好的发售条件后，笔记侠是如何通过发售公式进行造势、预售和正式发售的呢？下面，我们依据浪潮式的发售三个阶段，一步步地进行拆解。

造势

造势的核心是勾起粉丝群体的认同感与好奇心。

具体来说，笔记侠是怎么做的呢？

（1）结合朋友圈海报，不断与粉丝互动。

（2）通过各种精美的视频、评论反馈、海报等多种展示方式，让线上课发售的过程变得非常有趣而丰满。

预售

在课程正式上线之前，这门课程吸引到5000+的企业家、投资人、CEO、高层体验课程，获得一致好评。通过口口宣传，赢得好评和口碑，建立信任感；通过学员与嘉宾的证言，展示训练营对学员生活产生的变化，对潜在用户产生权威影响力。

发售

终于到了发售期，也是最关键的时刻，笔记侠提前7天进行倒计时，并通过统一的筹划和布局，在这7天内通过众多案例与数篇爆款文案，引发最终的购买浪潮，在这关键性的7天里，所有的行动和文案，都为了解决意向用户的两大问题：第一，高山大学线上课程如何让你变得不同；第二，高山大学线上课程为何独一无二。

以下我们继续进行拆解，看看笔记侠是如何将这两个问题逐一攻破的。

训练营如何让你变得不同

（1）自身故事

笔记侠CEO以自述的形式介绍从刚接触高山大学到报名高山大学线下课后，思维转变对工作、生活的影响。

（2）学员案例

只说自己还不够有说服力，因此，笔记侠征集了大量的学员案例，通过对高山大学线下课程的好评，烘托出线上课程内容的优质。

训练营为何独一无二

（1）全球首发

将68万元线下课程视频搬到线上，打造出与市面上其他课程产品之间的差异化，如图5-20所示。

全球首发课程

科学为什么诞生于希腊？

吴国盛　清华大学教授科学系史主任

爱琴文明·希腊神话与文化·城邦文明

·科学课·　2019环球课

宇宙未来何去何从？

阿兰·斯特恩　行星科学家

冥王星的发现·新世界的探索·太空事业商业化

·科学课·　2016～2018年度经典课

图5-20　视频课程介绍

（2）设置独一无二的排行榜奖励

活动设置了转发购买排行榜，并设置优质、稀缺的奖励作为激励，提高学员转发积极性。

第1名：高山大学国内思享课

思享课是高山大学课程的重要延伸，向来以"小而美"著称。基于"教学相长，终身学习"的理念，与科学家、企业家一起追问科学的终极命题。思享课过往的导师包括梁信军、钱颖一、蔡文胜、卫哲等，思享课同学均是高山大学学员、校友，排行榜榜首可获得同等思享课1次，具体信息由专属小秘书通知。

第2名~第30名："文科班"饭局

由高山大学创办人文厨、笔记侠创始人柯洲联合发起，同神秘科学家嘉宾、明星企业家嘉宾共餐同频交流，饭局地点优先在北京，具体信息由专属小秘书通知。

第31名~第100名：高山大学名师专场课

高山大学名师大课是高山大学为科学商业线上课定制的特别活动，作为线上课的重要支点，名师大课将邀请高山大学最受欢迎的老师、同学到现场作特别交流。

训练营为何值得信任

顶级的导师团队，明星、企业家学员，大咖校董会成员背书，增强信任

（1）顶级导师团队

高山大学中外科学家、院士、诺贝尔奖导师团多达93人。

（2）明星、企业家学员

截至目前，巨人网络集团联席CEO仲雷、虎牙CEO董荣杰、著名主持人蒋昌建、StarVC创始人任泉等学员给高山大学带来了新鲜血液。

（3）大咖校董会

高山大学校董会由崔屹、李开复等国内外知名企业家组成，如图5-21所示。

看到以上课程信息，很多粉丝开始对课程产生了购买欲望，但是也可能会犹豫不定，这时宣布前2小时限时优惠200元，这样的触发器让粉

丝再也控制不住，只有乖乖交钱了。在浪潮式发售的作用下，笔记侠创造了线上 2 小时成交 32 万元的好成绩。

图 5-21　训练营大咖校董会成员介绍

第 6 章
主动复购：企业利润倍增的关键

背景介绍

    如何让客户产生不断复购是每一家企业都在关注的问题。因为一个老客户重复购买的成本要比吸引新用户购买的成本低很多。在流量渠道越来越分散、流量越来越昂贵的今天，企业要想实现持续稳定的增长必须要从流量思维转换到超级用户思维，用复购和转介绍的流量替代广告流量，实现客户自循环。

    由于社群内用户复购率较高，所以本章复购主要围绕社群运营来展开，从尊重"人性"的角度出发，解决大多数企业在社群运营工作中遇到的社群成员不活跃、转化率太低、用户流失严重等问题。

6.1　让社群长久存在的关键点

◖6.1.1　什么是社群运营？

很多人对于"社群运营"的认识存在误区，认为微信群就是社群，把一群人拉到微信群，每天发广告，就是社群运营。实际上，社群运营并不简单，不能把微信群和社群画等号。社群是有共同属性、共同兴趣、共同目标的人组成的群体，社群运营是通过各种运营手段，将目标用户引入微信群，在群里持续为用户带来价值，满足不同类型用户更高层次的需求，保持群活跃，实现用户与企业、用户与产品之间的深度连接，并达成最终成交、复购、转介绍。

◖6.1.2　社群的分类

在社群经济发展迅速的当下，很多企业都开始疯狂建群圈人，建立了成百上千个微信群，投入了很多精力，想通过社群运营快速实现业绩暴增，实际上不但没有让新用户转化，还影响了老用户的体验，得不偿失。

想要提高社群转化率、延长社群的寿命就必须进行群内用户的精细化运营。很多企业微信群的数量很多，运营难度大、人力成本高。根据群内成员属性不同，对其进行分类，可以很大程度上降低运营成本。社群可分为成交型、服务型、KOL 型三大类，如图 6-1 所示。

（1）成交型：设计氛围，促单转化。

成交型社群的目的只有一个，就是成交转化。通过活动将目标用户吸引到成交群，活动结束后，群可以解散，没有必要花大精力长期运营。

图6-1　社群的三种类型

（2）服务型：从弱关系到强连接。

服务型社群是企业为提高用户口碑，促进用户复购而建立的。需要在社群内持续输出价值，提高用户满意度，需要大量精力运营。

（3）KOL型：筛选核心粉丝，定向维护。

企业筛选出核心用户，对核心用户进行定向维护，通过专属福利刺激核心用户转介绍，吸引更多普通用户成为核心用户。

由于KOL型社群的成员为企业贡献的价值最高，下面着重讲一下KOL社群的成员筛选与维护。如何判断是否是核心用户呢？有以下4种方法，如图6-2所示。

图6-2　如何判断是否是核心用户？

（1）关注你的各种信息：关注企业在各种平台发布的信息、关注企业发布的新产品。

（2）主动付费购买你的产品：只有付费购买才是真爱。

（3）谁骂你，他骂谁：真正的核心用户会把你当成榜样，甚至是家人。因为企业的产品令他满意，并为他持续提供了价值，完成了他自己完成不了的事情，所以这类用户绝不允许别人诋毁你。当出现对于企业负面的信息时，真爱粉会主动出击，帮忙辟谣，这比任何公司官方声明都更有说服力。

（4）催你出下一款产品：我最近研发、迭代新的课程速度非常快，是因为我的学员自建立了一个"催课群"，每天会在群里花式@我，"朱老师，你看窗外的云，像不像你今天要写的课件！"。虽然是玩笑，但现在已经成为我写课的最大动力。能够主动催你出下一款产品，并且能为其买单的用户绝对是核心用户。

运营 KOL（核心用户）群有什么好处，如图 6-3 所示。

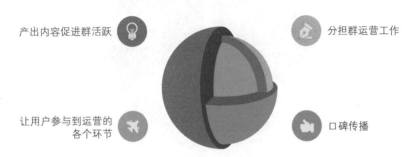

产出内容促进群活跃

分担群运营工作

让用户参与到运营的各个环节

口碑传播

图 6-3 运营 KOL 群的好处

（1）产出内容促进群活跃。

KOL（核心用户）可以自发在群内生产内容、找话题聊天，促进社群活跃。

（2）让用户参与到运营的各个环节。

社群是获取用户信息的重要渠道，保持与 KOL 用户的深度沟通，有利于团队更精准的挖掘用户需求，提高用户满意度。

（3）分担群运营工作。

社群运营人员平时的工作内容很繁杂。在制定好社群目标和规范后，让核心用户成为管理员，分担部分社群运营的工作。核心用户在运营工作中可以找到归属感，提升核心用户对产品的忠诚度。

（4）口碑传播。

无论是铺天盖地的广告，还是大量销售人员直接售卖，都需要投入大量的人力和物力，如果能运营好核心用户，让核心用户去影响、推荐其他用户，成为企业的"免费推广员"，达到抓住用户收割流量的目标。

找到核心用户之后，建立 KOL 群，可以通过以下三种方式进行定向维护，如图 6-4 所示。

图 6-4　三种对 KOL 用户定向维护的方法

（1）高频出现

找到核心用户之后，不要只停留在单项沟通，而是要想办法与核心用户产生一对一的链接。比如，加微信好友，高频地出现在他们的朋友圈中，高频地出现在任何能触达他们的地方。

（2）线下链接

只要发现爱分享并且非常喜欢产品的用户，一定要主动跟这部分用户去进行更深入的连接。经常听到一句"线上聊千句不如线下见一面"，就是因为线下这种一对一的沟通，能够建立场景感，强化人的记忆，通过真实的接触，你可以更深入了解核心用户的需求。

（3）特殊待遇

可以给核心用户一些特殊待遇。比如，优先购买、赠送产品的优惠券等。让核心用户感到荣誉感，让他们觉得自己是被特殊对待的，这些特殊待遇让他们更愿意去分享，甚至是炫耀，你看我是朱少锋的核心粉丝，因此他所有的课程我都可以五折购买。

6.2 用 AARRR 模型拆解社群运营

一个企业的发展必不可少的就是拥有一套完善的用户运营模型，这样才能在用户运营的过程当中最大限度地减少客户的流失，提高客户的转化。社群运营也需要拥有一套完善的用户运营模型，但实际上很多人对社群运营周期的理解就是三个步骤——拉新、留存、变现，不断地重复这三个步骤，就能做好社群运营吗？答案当然是否定的。拉新、留存、变现这三个步骤是线性的，拉新是起点，变现是终点，想要成交量高，只能不断扩大社群。但有些时候并没有充分利用单个群内粉丝的价值，最终导致的结果是消耗大量成本，效果还不好。好的社群是具有循环属性的，唯有循环，才能不断壮大。

在你的实际操作中真的做到"循环"了吗？

深入了解用户运营的朋友一定都知道"AARRR 模型"，俗称转化漏斗模型，我更愿意称之为用户循环模型。如图 6-5 所示，"AARRR 模型"是 Acquisition（获取）、Activation（提高活跃）、Retention（留存）、Revenue（变现）、Refer（裂变），这 5 个单词的缩写，分别对应用户生命周期中的 5 个重要环节，是用户增长的基础模型，也是应用最广泛的模型之一。从社群的角度来理解"AARRR 模型"就是社群的用户怎么拉新，社群建立起来后怎么促活，社群活跃后怎么提高留存，社群留存后怎么促使社群用户付费，社群用户付费后怎么让他们进行口碑传播、循环裂变。

图 6-5　AARRR 模型

1．获取

现在获取用户的方式有很多，很多企业都设置了多个流量入口，将用户导流到微信个人号，再通过微信个人号转移到相关的社群。但对于一些对用户精准度较高的产品，我不建议通过大规模的投广告来获客，投放或许可以吸纳很多的初始用户进群，但是这些用户如果不精准，在后面的漏斗转化当中，会浪费大量的财力和运营成本。

微信每天会新诞生 250 万个微信群，一个微信群的平均死亡周期是 36 天，社群的价值塑造是影响社群生命周期长短的主要因素，所以在建社群之前，一定要想明确社群的价值是什么。一般情况下，一个人加入社群，都是抱有目的性的，如果用户在社群里没有及时找到自己需要的东西，不能对他带来高价值，就会选择屏蔽，甚至退出该社群。社群的价值一般可以体现在以下方面，比如：案例共享、资源对接、内容输出、专业分享、干货资料分享等。

没有价值的社群随着时间的推移和群成员的增加，群内充斥着越来越多的灌水广告，或者毫无价值的聊天，导致很多成员退群或者屏蔽群消息。所以，要不断在社群内为群成员提供价值，让用户进群的理由可以分为 4 种，如图 6-6 所示。

（1）结交人脉：希望通过社群与其他成员产生连接。

（2）情感诉求：一般来说，妈妈群都比较活跃，因为妈妈们在群里经常分享孩子学习如何、教育方式哪种好、婆媳关系如何处理等。妈妈们进群的目的不仅是有干货分享，更多的是为了倾诉。

图 6-6　让用户进群的四大理由

（3）情况相似／互补：情况相似指的是群成员的兴趣、性格、地域等特点相同或相似。情况互补指的是甲方乙方、男方女方、供需双方等。

（4）获取资源：想要在群内获取学习资源，比如品牌合作资源、大咖分享、线上课程、行业报告、汇报模版等。

2．激活

每个社群都有生命周期，用户进了社群后，他所接触到了第一次社群行为即为"激活"，这关系到用户是否愿意继续留存在社群里。社群运营者需从入社群的仪式感、群规则的建立、群价值的输出、群活动等方式来激活社群用户。

"激活"往往和"拉新"密切关联，通过什么方式把用户拉进社群，就要继续通过什么方式"激活"用户。举个例子，用户是通过"运营干货文章"的方式吸引进群的，用户渴望学习新的知识，进入社群后你就应该首先给他提供"运营"相关的干货内容。

前面所说的基本都是社群本身的特点和属性，接下来具体介绍提高社群活跃度的 8 种方法，如图 6-7 所示。

（1）明确运营目标，把控全局运营。

一个社群要有鲜明的主题与定位，让用户进入群内并且都知道社群建立的目的是什么，我能在群里有什么收获，同时也方便带更多有同样需求的伙伴加入。

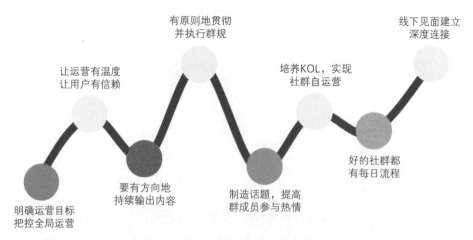

图 6-7　提高社群活跃的 8 种方法

在社群运营过程中，不要偏离自己的定位，让社群流畅健康地更新换代，不断注入新鲜血液，不断产生转化和传播。

（2）让运营有温度，让用户有信赖。

运营有温度的目的是获得依赖和信任，为用户的自然传播和转化打下基础。这一点上也需要选择一个有温度的运营者，运营人员的温度决定了社群的温度。

举例：

A 社群：群主发红包互动，但发布内容多是产品推送或购物链接。

B 社群：群主发红包互动，又插播自己遇到的趣事或分享自己的学习收货，最后再发产品推送。

如果是你，你会选择加入哪个社群？

肯定是 B 社群吧。因为群里不仅有广告，还有运营人与你互动活跃氛围，加上又可以获取价值，让人感觉有温度。

（3）要有方向地持续输出内容。

在知识大爆炸的今天，筛选、整理真正有料的干货才是群成员所需要的，让群成员通过社群有所成长才是让他们留在群内的根本。

（4）有原则地贯彻并执行群规。

一个军队需要有纪律鲜明的制度，社群也是如此。制定好群规，并持续贯彻，不断剔除扰乱群规与无视纪律的成员。这个过程就像大浪淘沙一样，最终剩下的就是优质成员，大家千万不要抱有"不敢踢出成员的想法"，这些不遵守规则的成员扰乱了整个社群的氛围，甚至会导致核心用户的流失。

（5）制造话题，提高群成员参与热情。

做活动。社群需要维持良好的活跃度，所以要经常组织一些活动，比如，抛话题、发红包、线上私董会等，促进成员参与度，形成良好的氛围。

（6）培养 KOL，实现社群自运营。

相信很多社群运营人员都有这样的困扰：手机不离身，每天睁开眼睛的第一件事，和闭上眼睛前的最后一件事，就是看群回复消息。这样的群主很称职，但是很辛苦。一个良性运转的社群，应该是全员参与，并且在互动的过程中，产生自愿协助管理工作的大管家。群主应该在管理社群的过程中慢慢挖掘这类人，最终实现社群的自运营。

（7）好的社群都有每日流程。

针对自己社群内的成员特点，来设计自己社群的每日流程。通过用户的反馈，不断调整运营方向，最终形成一套适合自己社群的运营 SOP。

（8）线下见面建立深度连接。

线上聊得再多，毕竟也还是"网友"。所以在合适的时候可以定期举办线下活动，邀请群内成员一起参加，让成员们更深入地建立连接，增加社群的黏性，这样能保证社群的活跃和生命周期。

3．留存

社群在留存方面有天然的优势。如果在第一步用户的获取方面不够精准，在留存方面就会流失一大部分了。

社群成员结构可分为 5 种，如图 6-8 所示。

图 6-8　社群成员结构

群主：除了裂变活动成立的社群，在一个社群中基本都会有超过一半的人认识群主。一个社群前期想要运营好，群主的作用很大，因为要照顾到群里每个人的感受。

管理员：在线时间长、公正不阿。管理员因为承担着监督的职能，所以要求其要保持长时间在线状态。管理员可以跟群主去扮演双簧，群主唱白脸提供福利，然后管理员唱红脸去监管群成员，让整个社群松弛有度。

核心粉丝：核心粉丝需要认同整个社群的观点或者说群规，这些粉丝会帮助群主和管理员去管理社群，促进社群活跃。

普通成员：他们存在的意义就是维护整个社群的持续发展，提升社群的活跃度。

非目标用户：一般通过裂变进群的用户，会有些不精准的用户，这些用户在群里潜水，很难被转化，可以将这部分用户舍弃，踢出群聊。

4．变现

社群运营的最终目的是为了商业变现，要让更多的用户变成付费用户，社群才能真正商业化运作，所以变现这一步是很多企业关注的要点。

但很多社群运营者连"促进活跃度"和"提高留存率"都没有做好就着急变现，直接往群里分发商品购买链接，结果就是很少人购买。

近期非常流行的两个概念：社群团购和社群成交。其主要就是利用了人们在社群中的从众心理，在短时间内发现很多身边人都购买了，并晒出了截图，促销马上就要结束了，我也要购买。

还需要注意的一点是广告不能够太硬、太过频繁，可以通过优惠信息、秒杀活动或者其他的一些购物活动等方式实现用户变现。同时，可以开发小程序，缩短用户的购买路径。

5．裂变

如果社群内输出的内容满足了用户的真实需求，并且内容形式非常好玩、有趣，或者是分享后双方都会受益，用户会自发地将产品分享给其他朋友，这样老成员就带来了新成员，社群将会实现自传播、自扩散，用户群体就会产生爆发式的增长。

建立一个良好的高价值的社群，是企业盈利的重要因素，每个社群成员都有裂变出更多客户的可能，而建立完善的用户运营模型，能够有效管理社群成员，实现用户的裂变增长。社群运营不但能够解决目标流量的瓶颈问题，还能够对用户进行深度运营。

6.3　社群发售：让用户批量成交

微信群 1 分钟卖出 10 万元女装；0 广告费，2 个微信群卖货 120 万元；利用 12 条朋友圈 +10 个微信群，成交 799 元的朋友圈成交训练营，两周营收 39.8 万元。

目前，已有非常多社群发售的成功案例，社群成交不管是卖课还是卖货都有很好的效果。社群发售为什么会如此有效？

其实社群发售的本质是：会销。前几年会销非常火爆，一场会销活动可以成交上千万元的金额。会销现场往往让人兴奋，由会调动气氛的主持人、逆袭的主讲老师、让人收获颇多的产品、成功的用户案例、限时秒杀、成交礼等元素组成，完美的流程设计让消费者不由自主地刷卡买单。但会销对人员、场地、时间等因素都有非常高的要求，在没有客户渠道、没有预算、没有庞大团队的情况下是很难完成的。社群发售完美地避开了线下会销的弊端，将成交载体由线下搬到了线上，用更少的人力、物力、财力将产品卖爆。

社群发售不是一个动作，是一个可复制、可总结、可流程化的过程，通俗来讲，社群成交是有套路可循的。下面将社群发售全流程拆解为发售前的筹备工作、发售日的流程、发售后复盘与流量复用三个部分进行讲解。

1. 发售前的筹备工作

社群发售准备期和招募期的时间长短，需要根据活动整体目标、参与人群特征、招募渠道等因素决定，发售前需要确定活动主题、招募渠道、活动流程、人员分工、大咖背书、种子用户和赞助礼品等。

（1）确定活动主题：确定什么主题可以吸引用户参加，是干货分享，还是优惠福利等。

（2）招募渠道：招募粉丝进群是一场成功的社群发售活动的基础，商家一般可以通过朋友圈、微信好友私发信息、公众号、微博等自有渠道进行招募。

（3）活动流程：包括主持、群管理、社群活跃、新人进群后发什么信息、成交环节设计等。总之，要把社群发售前期、中期、后期整个流程需要的物料全部提前准备好。

（4）人员分工：虽然社群发售看起来简单，但是"术业有专攻"，擅长讲课的人未必擅长组织和活跃群内气氛。因此，要对授课、主持、组织和互动配合等角色进行详细的分工，这样会有助于更高效和精准地完成群发售流程及后续跟进工作。

（5）大咖背书：寻找自带流量的大咖可以在招募阶段吸引更多人参加，在发售时增加用户的信任度，刺激成交。

（6）种子用户：种子用户有三个作用，其一，在发售前可以召集种子用户做内测，测试用户对活动是否满意，优化社群发售的流程；其二，在招募期种子用户可以帮助转发活动信息，为活动带来更多的曝光；其三，在发售期，种子用户可以在群里帮助工作人员回答问题，刺激活跃。

（7）赞助礼品：为了促进成交，限时限量礼品策略是常见的方式。找与用户人群相关的礼品，告诉赞助商有涨粉或者广告的机会，这样比较容易找到礼品。

任何一次活动，都要做好充足准备，才能有更好的效果。做好了相关的准备，接下来需要按照流程一步一步操作。

2. 发售日的流程

发售日需要注意流程把控，发售日流程可以分为以下几个步骤。

发售前：群内预热

发售前群内预热包括设置群公告、发布群规则、欢迎仪式、红包预热、引导加助教微信、活动倒计时 6 个方面。

（1）设置群公告：简单介绍活动流程、活动亮点，提醒群友准时参加。

（2）发布群规则：常见的群规内容包括：①要求群成员设置群昵称；②明确说明群内允许做的及不能做的事项（有利于微课进行中的秩序维护）；③群主及角色分工的说明（有利于各司其职、提高效率）；④有清晰的群解散规则（有利于及时引流，推进成交）。

（3）欢迎仪式：发送欢迎语，包括分享内容、时间等，让社群中的人更了解本次活动的主题。快闪群一般不建议用机器人发欢迎语，在很多人进群后手动发欢迎语会让群友感觉更亲切。

（4）红包预热：在发售前，利用红包激活圈友，顺势引出话题，促进思考，为课程开始做好铺垫。除了发售开始前的预热功能，群红包可以在群发售的全流程中发挥作用，比如，在课程进行中，利用红包奖励互动，带动讨论气氛；在课程结束后，利用红包激励听众，为下一次活动造势等。

（5）引导加助教微信：便于领取资料，此外可能还有一些群内成员通过其他渠道进群，没有加助教微信，可以通过设置诱饵的方式将群成员都沉淀在助教个人微信上，扩大私域流量池。

（6）活动倒计时：在活动开始前进行多次 @ 提醒，为活动造势。提醒的时间点可以为开始前 2 小时、1 小时、半小时、3 分钟、1 分钟、开课后 10 分钟、开课后 30 分钟等。

干货分享

（1）课前互动

主持人暖场：在讲师分享之前，主持人介绍本次活动的讲师，包含讲师获得的荣誉、过往优秀的案例等，树立讲师专业形象。

讲师分享：讲师正式分享之前，进行自我介绍以及本次分享主题是什么，这样可以拉近与用户的距离，增加信任感。

品牌介绍：可以针对品牌故事介绍，理念与使命略讲，时间控制在 2 分钟内。

（2）课程进行中

主要内容:针对目标用户的最大痛点，找出共性问题进行拆解、列举，在介绍痛点解决方案的同时，加入对应的产品、服务介绍。

素材多样：为吸引群内成员的注意力，避免疲劳，课程分享时一定要"语音 + 文字 + 视频"三种形式相结合。

刺激参与：设置互动环节，让群成员更有参与感。

成交转化

成交转化环节要让群内潜在的客户能够更多地了解产品的卖点、客户见证、产品优势等。通过稀缺的赠品以及一些非买不可的理由，促进潜在客户必须在这个时间段做出决定。

干货分享完，紧接着就是成交。社群成交有 3 个关键点：讲故事、顾客见证、促成交。

（1）讲故事：通过讲个人的故事（引起共鸣）、产品故事（为什么做这个产品）、竞品对比、第三方认证等方式，让用户了解产品的卖点、优势，知道产品能帮他们解决的痛点。

（2）顾客见证：讲完故事之后，可以在群内晒好评，好评呈现形式最好是顾客反馈的视频、真实的好评截图。卖家自夸千般好，不如用户一张真实的用户口碑截图，只有顾客说好，才是真的好。

（3）促成交：促成交的方法有很多，可以结合增强信任 9 要素来制定具体的促成交方案，下面简单列举 3 个。

① 大咖见证：提前准备好大咖用产品之后的推荐视频。

② 限时优惠：限时间限名额，非常有效果。毕竟人都喜欢占便宜的感觉，而且限时限量会产生紧迫感。

③ 群内晒单：在整个转化的环节中，更加需要不停地去制造热销的氛围，让用户感觉到机会难得。所以，在每个用户付定金之后，都进行截图分享，并在群里进行播报，让群内的用户都清楚地了解，形成羊群效应以刺激其他客户成交，循环这样的过程，可通过限时的方式去督促

客户预定。

3. 发售后复盘与流量复用

（1）活动复盘：社群发售的一切经验与方法，都可复制、可总结、可流程化的。通过复盘更好地了解有哪些不足，不断优化以后的社群发售流程。

（2）持续跟进：活动后第二天通过资料推送、课程营销、业绩战报等，再次唤醒未及时参与活动、未成交的用户。

私聊发信息，持续跟进未成交客户

① 推送回放链接，提醒收看回放，提供重点内容文档；

② 推送产品及服务介绍，进行报名引导；

③ 提醒前一天未参加发售的群友留意群内信息。

群内信息

① 推送回放链接，提醒收看回放，提供重点内容文档。

② 发送昨日社群发售的战报，成交金额达 243242 元。

（3）解散社群：用于社群发售的群也叫做成交群，组建的目的很明确，就是为了售卖产品，产品发售活动结束后第二天可以在群内进行持续跟进，为降低运营成本，建议成交群在发售后的第三天可以解散。

（4）流量复用：社群虽然已经解散，但群内客户都已经沉淀在个人微信号了，可进行多次触达，为新产品发售储备种子用户。

社群发售是一种利用客户从众心理的一种营销方式，看似简单，实则富含客户心理和销售技巧，像《乌合之众》中所说的，当个人聚集成群体之后，会出现感性、盲目、低智商化、情绪化、极端化等一系列特点。无论这个人是多么聪明与高尚，一旦进入群体，个人品质可能将不复存在了。通过暗示、断言等手段，群体完全可以被领袖有效操纵。都说社群营销是个为企业盈利的很不错的手段，但是，它也从来不是一个简单的事情，需要我们对群体心理有足够了解，并且用多种技巧达成目的。

最后，希望你掌握社群发售的方法论，并策划、实践一次社群发售，找到适合自己的发售方式，真正感受到社群发售的魅力与威力。

6.4 【案例拆解】0 广告费，2 个微信群卖货 120 万的秘密

关健明老师通过操盘某代餐咖啡社群发售活动，"0 广告费，2 个微信群卖货 120 万"成为教科书级别的案例。发售群里连连不断的订单雨，再次验证了其探索出的社群发售理论不仅适用于卖课，卖货也可以同样疯抢。学习关老师"3 周学会朋友圈成交"课程的同学中，很多都是没有社群发售经验的，但是经过实际操盘，捷报频传。单价 599 元的视频课程，一晚上 50 个名额迅速抢购一空，收款近 3 万元。河南驻马店一名儿童注意力讲师，经过一周的筹备、发售，通过社群转化 16 个家长购买 2380 元的课程，这相当于她近半年的工资收入。还有很多卖水果、土特产、化妆品的同学也取得了不错的成绩，就不一一列举了。

这种方式如此有效，让人忍不住一探究竟。下面我将揭秘如何做到 0 广告费，通过 2 个微信群卖货 120 万的全过程。

社群发售可以拆解为三个阶段：发售前做好准备，发售日注重流程，发售后立即解散。

1. 发售前做好准备

发售前的 1 ~ 3 天为群发售的准备期，准备期可以分为三个阶段：第一阶段建群：通过朋友群，微信好友私发信息，微信公众号、微博等自有平台进行宣传，统一时间将兴趣用户拉入社群中。第二阶段铺垫：邀请老顾客在群里进行分享，让群成员看到购买过产品的老客户都非常满意、收获很大，逐渐让群成员卸下心理防御，建立信任基础。第三阶段

成交：成交是最后一步，同时也是最关键的一步，前两个阶段都是为成交做准备，接下来将重点拆解"成交"阶段的案例内容。

2. 发售日（成交日）注重流程

发售日是无论对于社群活动的发起方还是群成员都是高能的一天，因为从建群、铺垫、成交都将在这一天中完成，时间非常紧凑。那么，时间具体应该怎么安排呢？

发售日时间安排，如图 6-9 所示。

时间	9:00	12:00	16:00	20:00
安排	建群/拉人	邀请老顾客 分享干货	每隔1小时 预告晚上流程	正式发售

图 6-9　发售日当天排期

9：00 建群 / 拉人：一次性把所有感兴趣的顾客都拉进群。

12：00 铺垫：邀请老顾客进群分享，使用产品后给生活带来正向的影响以及有价值的干货，让群成员觉得有收获，无形中建立了进一步的信任。

16：00 预告：每隔 1 小时，在群内预告一次晚上发售流程、亮点，提醒群成员参加。

20：00 正式发售：按照设计好的流程，一步一步引爆成交。不知道大家有没有发现一个细节，不仅限于群发售，还有很多线上活动、文章都会选在 20：00 进行发布。因为对于大多数人来说这个时间点是忙完一天工作回家吃饭后比较休闲放松的一个时间点，选在这个时间点进行群发售，参与度会更高。

在进行正式群发售之前，先提醒大家两个在社群成交中很容易犯的错误：第一个是王婆卖瓜。尤其要注意，不要在发售刚开始就说我的产品多么好，服务多么好，获得了什么荣誉，恨不得把产品介绍书都发进群里。虽然建群的目的就是为了成交，但是不要把目的这么"赤裸裸"地暴露出来，顾客进去的目的不是为了看你的"硬广"。第二个是过分强调优惠。过度地强调降价优惠、送礼物会让顾客觉得廉价，轻易获得反而不珍惜，对于企业来说，降价营销也不是一个好的营销策略。

绕开了王婆卖瓜、过度强调降价优惠的两个大坑，那么哪种方式才是高效的社群发售方法呢？可以将引爆社群营销的流程归为"社群发售七步曲"，如图 6-10 所示。当然"2 个微信群卖货 120 万"社群发售也是按照这七步曲进行的，一起来看一下吧。

图 6-10 社群发售七步曲

（1）红包预告

顾客很容易"无聊"，在发售刚开始强调本场发布会只有 30 分钟，并有 3 轮红包活动。社群发售依托的载体是手机中的微信，手机有太多的诱惑，可能一条新信息提醒，一个好玩的游戏推送就很容易会让群成员跳出社群的页面，所以在发布会刚开始就强调，本次发布会时间只有 30 分钟，突出时间很短，为顾客吃了第一颗定心丸。在活动刚开始，讲师在群里先发了一个 200 元的红包，并强调一共有 3 轮红包，抢到红包顾客觉得很爽，没有抢到红包的顾客会期待下一轮的红包。所以说红包预告为顾客吃了第二颗定心丸，让顾客有耐心地跟着后面的剧情走。

（2）研发心血

突出这个产品不是随便哪里都能买到的，产品的研发团队非常专业，并且付出了巨大的精力和代价才研发出这款重磅产品。

在发售咖啡时，在群内强调"这款咖啡是和国内知名的食品研发机构—XX营养研究院开展了深度合作，累计投入超过100万元的研发和设计费用，前后历经14个月的紧张筹备。直到最近，才真正将这款在过去一年多中一直只存在于我们想象中的产品变成了现实。在研发这款咖啡的过程中，曾前后进行了6轮内测，参加测试的总人数超过350人。"然而，这些内容，并不仅仅是通过文字、图片展现的，还配有一些走进实验室拍摄的研究员们用高精尖设备进行产品研发的微电影，视频制作很用心也很震撼，让顾客感受到产品研发所投入的心血，产品不是随随便便就能买到的。

（3）痛点与梦想

很多人卖咖啡就只会讲甄选优质咖啡豆，有哪些微量元素，总之，我卖的是最好的咖啡。这就犯了前面说的王婆卖瓜的错误，生硬的介绍让顾客觉得索然无味，他们还会觉得瓜再甜、咖啡再好，都与自己没有一点关系。所以，接下来群发售的重点就是挑起顾客的购买欲望。

顾客普遍都存在这样的痛点，早餐常吃的包子、油条热量很高，易发胖，同时消化也很快。消化之后又饿了，还要吃一些其他的食物，再次增加了热量，导致发胖。开始了发胖—减肥—发胖—减肥的恶性循环。

"你想要逃离这种生活吗？"针对痛点进行提问，接着介绍了解决方案，引出了代餐咖啡，如图6-11所示。有了这个产品以后，开始描述拥有此产品后梦想的生活。梦想的生活就是每天早上喝着一杯代餐美味的咖啡，然后会感觉到非常强的饱腹感，一直能坚持到下午。这样的你，就可以轻松地保持一个苗条的身材，自拍时也很好看，会更加的自信、开心。

痛点：包子与油条热量高。易发胖、消耗快

消化后容易饿，吃零食导致发胖

解决方案：早餐喝代餐咖啡
肚子饱到下午

减少午餐与零食摄入，轻松瘦身

图6-11　代餐咖啡痛点与解决方案

所以，痛点和梦想就是先放大顾客的痛苦，让他感觉到现在已有的生活很糟糕，需要改变。然后，待享用了产品之后，实现了痛点不再痛的理想生活，让他们觉得这么美好的生活只有购买了产品之后才能实现。

（4）对比竞品

实现让顾客完全没有买竞品的想法。

很多时候经过前面环节的层层铺垫，激发了顾客的欲望，但是用户会想对比一下其他的同类产品。顾客退出发售群的页面，去淘宝找到了更便宜的同类商品，或者想到某个亲戚正在做同类商品代理，这相当于前面的努力为竞品做了"嫁衣"。所以，一定要在发售过程中，主动帮助顾客完成竞品对比这一环节，明确告诉顾客，我们的产品是不可替代的。

做竞品对比最好的方式就是购买竞品，亲自进行深度体验与研究，找到竞品的弱点、缺点，通过文字、图片等方式与即将发售的商品进行对比。在咖啡发售会之前，团队成员购买了许多其他品牌的代餐咖啡进行研究，发现很多品牌都有一个硬伤，为了保证口感，大多数品牌都会在咖啡中加入乳糖、高果糖浆，虽然喝起来会很甜很美味，但是糖分含量高。顾客买代餐咖啡最大的原因就是希望瘦身，但那些高糖量的咖啡喝了之后，恐怕会越来越胖。在代餐咖啡发售会上发布了一张与其他竞品咖啡配料表的对比图，通过配料的对比，突出竞品咖啡的高糖量易发胖的缺点，完全切断了顾客购买其他品牌的想法。

（5）顾客证言

要配以照片、姓名、职业与故事等。

顾客通过前面的铺垫可能会有了购买欲望，但还是会犹豫，顾客会怀疑你说的是不是真的呢？这个时候就要列举出证据，证明我们是真的好，顾客好评就是最好的证据。所以，发售会之前我们要收集 5～10 个顾客好评，营造出好评如潮的感觉。晒出的好评中要包含老顾客的姓名、照片、职业、故事，以及使用产品前后的变化。这样更真实、完整，可信度也更高。如果晒好评的人是名人、大咖或者有一定地位或者有影响力的人，效果会更好。

在此次咖啡发售会中，一共晒出了 8 个好评，其中一位是一个在北京 BAT 工作的台湾姑娘，每天工作很忙，吃饭不规律，代餐咖啡口感好而且方便，帮助她保持身材，整个人更爱健康、更加阳光了，如图 6-12 所示。"

惠文

"太神奇了，这瓶咖啡竟然让我5个小时不饿"

台湾姑娘大多都在"养生"文化里长大，平时会十分注意饮食健康和科学的生活方式。惠文就是一位这样的台湾姑娘。

不过，她现在在北京的一家互联网科技公司工作，每天体验着BAT的加班节奏。频繁开会和紧张高压的工作，让她经常不能好好吃饭，甚至根本没有吃饭的时间。

在尝试了"能量瓶子"后，她有点惊讶："太神奇了，这瓶咖啡竟然让我5个小时不饿，而且，没有以前那种喝完咖啡肚子不舒服的感觉。"

测试的那天，她其实正在经历重感冒，本来昏昏沉沉的，在喝了"能量瓶子"后很精神，直接化个妆跑出门参加party去了。

在测试和评估结束后，我们向她介绍了"能量瓶子"里面加入了能够缓解咖啡因刺激的L-茶。

图 6-12 顾客证言

还有一位跆拳道黑带教练，他讲述每天进行科学的训练以及科学饮食，发现这个产品的配方非常科学，使用这个产品后身材保持得非常完美。

晒出不同职业、不同需求顾客使用产品后发生的变化，让其他顾客会有带入感，觉得他们可以自己也是可以的。

（6）限时优惠

必须马上做决策。

在认可你的产品之后，阻碍顾客购买决策最大的障碍可能就是价格。限时优惠是一个很好刺激用户购买的手段。

比如，一瓶咖啡的单价是 18 元，很多人觉得 18 元的咖啡还是有点贵，吃顿早餐还不到 10 元，不划算。

下面看一下，通过什么样的营销手段，能刺激顾客立即购买。

如图 6-13 所示，在群里发了一张与美国网红产品的对比图。图中包含营养成分的对比，明确显示发售的产品要比美国网红产品营养成分高很多，并标注美国网红产品的价格是 31.9 元一瓶。在图片上并没有直接标注售卖咖啡的价格，设置了一个小小的悬念，让顾客感觉营养成分更高，价格应该会更贵吧。

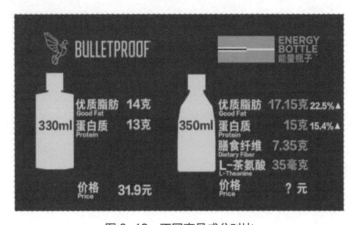

图6-13 不同产品成分对比

接下来发布价格：128 元 /6 瓶，并且群成员可以享受到专属的群优惠，如果发售当天购买只需要 108 元。一瓶的价格只需要 18 元。此次发售通过"价格对比 + 专属优惠 + 限时特价"的方式，让顾客不买都觉得吃亏。

（7）截图送礼

通过晒单送礼的形式，刺激顾客购买之后把订单截图发到群里。礼物不一定要多贵，根据发售的产品性质和顾客需求所决定，可能是一个其他同类产品试用装，小样等。晒单的目的是在群里下订单雨，刺激还在犹豫的顾客尽早购买。

3. 发售后立即解散

发售群以成交为目的，定位为快闪群，当天成立当天解散。

快闪群当天解散有以下 5 个原因：

（1）从用户角度考虑，能够高效了解信息，解决问题。用最短的时间得到优质的信息，节省时间。

（2）超强仪式感，群员会更珍惜，参与度会更高。

（3）发售当天专属优惠，过后群会解散，可以刺激用户产生购买行为，提高转化率。

（4）从运营者角度来看，极短的运营周期可节省时间与精力。

（5）避免用户在群内投诉，造成不好的影响。

最后，回顾一下这套可复制的社群成交法中的核心:社群发售七步曲：红包预告—研发心血—痛点与梦想—对比竞品—顾客证言—限时优惠—截图送礼 。

第 7 章
倍速增长：让用户成为你的合伙人

 背景介绍

　　市场营销中有一条黄金法则："开发十个新客户，不如维护一个老客户。每成交一个老客户转介绍的难度是开发一个新客户的1/5。"老顾客的转介绍率对商家业绩提升具有非常重要的作用，因为口碑的力量可以帮助商家减少获取信赖的时间与成本，往往会带来连锁反应与利润成倍增加。所以，一定要重视对老客户的服务与维护，提升他们的满意度，从而提高老客户的转介绍率。

7.1 用户分层管理：恪守"二八定律"，甄选超级种子用户

著名的咨询机构尼尔森曾发布过"2015 年全球广告信任度调查报告"，这份报告中用丰富的数据描述了广告与品牌营销中不同方式的用户信任感调研分析，如图 7-1 所示，其中发现来自朋友推荐的信任度最高，达到 92%，远高于顾客评价以及网络文章的信任度。由于朋友间推荐的信任度极高，朋友间推荐的转化率甚至可以达到 50% 以上，所以对于企业来说，不做老带新的活动是巨大的损失。

本节将重点讲述如何通过用户分层找到核心用户，再通过核心用户的转介绍带来更多的新用户。

图 7-1 信任度排行榜 TOP 3

7.1.1 用户分层管理是什么？

用户分层管理的核心目标是帮助你梳理现有的客户群体，把他们从杂乱的群体中分层出来，针对不同阶段、特征的群体，根据他们所遇到的问题，做出相应的维护动作，满足不同层次客户的需求，提升其满意度，这是让企业能健康且持久发展的基础。

对于一家企业而言，你的用户不可能是同一类人，有的用户可能是为了福利而来，所以这类用户不是真正的付费用户。而付费用户又可以根

据消费额度和消费频次进行划分。此外还有一部分可以划分为忠实用户，甚至可以把他们当作你的市场合伙人，他们对商家信任度很高，热衷分享与推广，也可以帮助商家吸引更多的用户。

因此，我们要根据用户的不同属性，进行用户分层管理，并对于不同层级的用户，制定有针对性的运营策略。

● 7.1.2　为何要做客户分层管理？

首先，要确保你的用户分层有意义。

比如"客单价大于 500 元，近 90 天未访问"，这种用户做召回行为；"客单价大于 500 元，近 7 天未访问"，这种用户做促活跃行为；"仅 7 天加购物车但未购买"，这种用户做赠优惠券促其转化行为。这样做用户分层管理，才具有真正的效果，也才更有意义。

所以，做用户分层正确的思考方向，应该是针对业务需求寻找不同用户的机会点。而前文所讲的"区别对待用户"虽然没有错，但仅仅是学术语境下的用户分层。做用户分层不需要把所有用户都进行分层，而要有提纲挈领之意。

举个我自己的例子，我的微信好友有 9000 人，他们都有个特点，就是加我微信之后，只关注我的朋友圈，从来不和我说话，所以我一直不知道他们是做什么的，有时候想给他们做个资源对接，也一时找不到对应的人。因此，我经常会在朋友圈推送各种品类的干货内容，那些想要获得高清图片或者大量资料的好友就必须与我私聊，这样我就可以顺便跟他们沟通一下我最近做的项目，以及了解他们最近在做的项目和特点，然后给他们做好标签。这样就可以方便我进行搜索和好友管理，同时可以定向为他们推送所需要的信息，最后把这些人对接起来，相互做生意。

7.1.3 基于 RFM 模型进行用户分层

通常运营工作非常杂乱，而且时间有限，要实现高 ROI（投资回报率），就要服务好 20% 的核心价值用户。在产品刚推广初期，用户量少，故可以把每一个用户都当成心肝宝贝一样呵护。随着业务量的增长，就需要建立用户分层策略。谈到用户分层，就不能不提 RFM 模型，相信大家都了解过，RFM 模型是业内传播度最广，影响范围最大的用户分层模型之一。本节也将详尽地对 RFM 分层方法进行讲解，主要介绍基于 RFM 模型，在用户分层以及精细化运营策略的具体应用。

什么是 RFM 模型?

RFM 模型，是衡量用户价值的重要工具和手段。该模型通过一个客户近期的消费行为、消费的频率以及消费金额这三项指标来描述该用户的价值状况。RFM 模型的三个指标如图 7-2 所示。

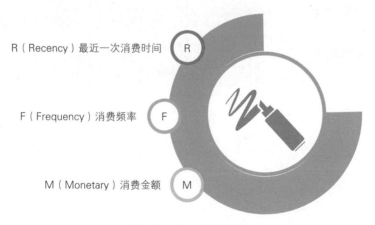

图 7-2　RFM 模型变量

R（Recency）：最近一次消费时间。表示用户最近一次消费距离现在有多长时间，一年前消费过的用户肯定没有一周前消费过的用户价值大。

F（Frequency）：消费频率。消费频率是指用户在统计周期内购买商品的次数，经常购买的用户就是熟客，价值肯定比偶尔来一次的客户价值大。购买频率越高，客户价值越大。

M（Monetary）：消费金额。消费金额是指用户在统计周期内消费的总金额，体现了消费者为商家创利的多少。消费金额越高，客户价值越大。

RFM 模型分解

依据 RFM 模型的三个变量对用户的过往行为进行评分，最后由数值评分转化为名义评价，对用户群进行 8 层分级，针对每一层级设定不同的推广文案及优惠活动，延长用户的生命周期，进而提升 LTV（生命周期总价值）数值，如图 7-3 所示。

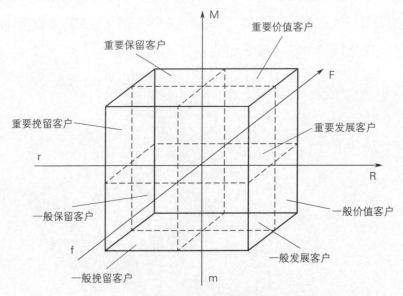

图 7-3　RFM 模型分析

用户的 8 个层级，如图 7-4 所示。

如果我们能够找出用户隶属于以上 8 个层级中的哪一层，就可以有针对性地制定运营策略，实现精准营销。

类别	R	F	M
重要价值用户	高	高	高
重点发展用户	高	低	高
重点保留用户	低	高	高
重点挽留用户	低	低	高
一般价值用户	高	高	低
一般发展用户	高	低	低
一般保留用户	低	高	低
一般挽留用户	低	低	低

图 7-4 用户的 8 个层级

举例，用 RFM 模型对"三节课"用户进行分层，如图 7-5 所示。

R（最近一次交易时间差，参照业内特性进行定义）

- 普遍意义上一个新用户是注册15天内购买
- 所以15天是重要的值
- 一门课周期60天，是重要值
- 半年是复购统计的重要周期，180天是重要值
- 自然年是重要统计周期，365天是重要值
- 超过一年没有发生购买，就会被定义为流失用户

M（一段时间内的交易金额，参照业务特性进行定义）

- 用户购买中低价值课程1门，599元
- 用户购买高价值课2门，1800元
- 用户购买课程5门（对应F）4500元
- 用户购买课程9门（对应F）8100元

F（一段时间内的消费频次，参照数据分布情况进行定义）

- 一次付费
- 二次付费
- 三～五次付费
- 六～九次付费
- 十次及以上付费

图 7-5 案例：三节课 RFM 评估模型的定义

搭建 RFM 模型的用户分层

运用 RFM 模型一般是为了细分出最有价值的用户，利用有限的营销资源重点投入，从而让产出最大化。RFM 模型搭建步骤如图 7-6 所示。

（1）抓取 RFM 原始数据。可以根据实际情况选取 R、F、M 的数据字段。

抓取RFM原始数据　　　　进行数据处理　　　　　　针对不同层级用户
　　　　　　　　　　　获取用户RFM值　　　　　　制定运营策略

　　　定义RFM的评估　　　　　参照模型找到
　　　范围和中值　　　　　　　用户对应象限

图 7-6　RFM 模型搭建步骤

（2）定义 RFM 的评估范围和中值大家应该都会求中值，即直接求和再除以项数。

（3）进行数据处理，获取用户 RFM 值。依据数据的分档标准，对用户数据进行处理。每条数据下有最近一次消费时间、消费频次、消费金额对应的 R、F、M 值。

（4）参照模型找到用户对应象限。将每个用户的 R、F、M 值与中值进行比较，判断高低，进而确定用户处于 RFM 模型 8 层级中的哪一层。

（5）针对不同层级用户制定运营策略。当我们做好用户分层后，针对性地制定不同层级用户的运营策略时，需要结合各行业的实际情况，不要一开始就发优惠券、发短信推送等促销方案。

8 个不同层级用户对应的运营策略，如图 7-7 所示。

（1）重要价值用户

这类用户距上次消费时间较近，消费频次和消费金额都很高。要对这类用户进行重点维护，由专人组成 VIP 客户服务团队，给予他们专享权益、定期福利等活动，让他们体验与众不同的感受，同时要通过精神和物质激励，让他们主动进行分享和转介绍。

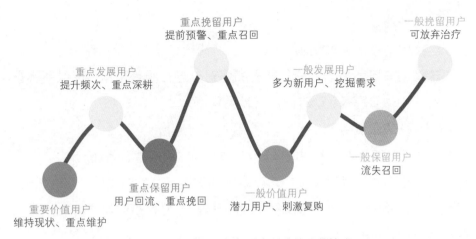

图7-7　8种不同层级用户对应的运营策略

（2）重点发展用户

这类用户距上次消费时间较近、消费金额高，但消费频次不高。

这类用户属于忠诚度不高的用户，我们需要着力让用户在平台上活跃起来，通过不断优化产品和服务，制定相应策略，帮助用户提升使用与购买频次。

（3）重点保留用户

这类用户距上次消费时间较远，但消费频次和消费金额都很高。

我们需要通过定期的邮件推送、软件内部推送、短信推送等形式，主动与用户保持联系和互动。

（4）重点挽留用户

这类用户距上次消费时间较远、消费频次不高，但上次消费金额很高。

这类用户属于重点防流失用户，我们需要提前做好流失预警，并配以相应策略触达行为。

（5）一般价值用户

这类用户距上次消费时间较近、消费频次高，但消费金额低。

这类用户属于重点潜力用户，可以发放不同形式的优惠券，引导此类用户不断增加投资。

（6）一般发展用户

这类用户距上次消费时间较近，但消费频次低，消费金额也低。

这类用户可能是新用户，需要加强对其进行回复工作，提供新手福利，并在各种节假日活动时进行及时提醒。

（7）一般保留用户

这类用户距上次消费时间较远、消费频次高、消费金额低。

这类用户属于预流失用户，可能前期很活跃，后期发现产品、服务、奖励无法满足预期要求，因此不再进行复购行为，我们需要对其做好利益与情感的双重触达。

（8）一般挽留用户

这类用户距上次消费时间、消费频次与消费金额都很低。

这类用户流失已久，较难挽回，在预算受限的情况下，可以考虑放弃此类用户。

通过 RFM 模型找到核心用户之后，需要对核心用户进行"特殊关注"，只有做好核心用户的服务，才能刺激其进行更多的转发、转介绍动作。

提高用户满意度可以参考以下 3 种方式。

方式一：特殊顾客特殊对待

根据二八原则，公司 80% 的利润是由 20% 的客户来创造的，所以善于经营的企业和成功的销售顾问要根据客户本身的价值利润来细分客户，并密切关注高价值的微信客户，保证他们可以获得应有的特殊服务和优惠待遇，使他们成为企业的忠诚客户。

方式二：寻求反馈

向客户寻求反馈和意见，询问他们对产品或者服务是否满意。当你向客户寻求反馈并对他们的意见表示很重视的时候，他们就会把你的事情当作自己的事情，就会对你的服务和产品更加忠诚，也可以用调查问卷的形式收集众多客户的意见。

方式三：跟进回访

你不可能一次就打动某个客户，也不可能轻易让某个客户成为你的忠实客户，所以必须跟他们经常保持联系。

在实际运营工作中，可将用户级别由高到低依次分为：

存量用户 > 高潜用户 > 预流失用户 > 流失用户

对企业来说，用户消费时间的间隔（R）越短越好，用户的消费频率（F）越高越好，用户一段时间的消费金额（M）越高越好。

我们的理想化目标是：所有的用户都能成为重要价值用户。围绕这一目标，可以看各个层次的用户与这一目标差距在哪里，频率不够就提频率，活跃度不够就去唤醒用户，消费金额不够就去刺激消费。当然，这只是理想化目标，可以参考这一思路，依据实际情况制定各个层次用户的运营策略，最终实现精细化运营。

7.2　用户生命周期管理：让用户开心地"玩"下去

随着移动互联网的用户增长趋近饱和，获客成本越来越高，我们要珍惜每一个流量，针对用户所处的不同阶段来制定针对性的用户拉新、用户留存、用户召回策略就显得至关重要。

本节主要围绕以下3个方面来展开阐述：用户生命周期模型是什么；用户生命周期模型分析；不同用户生命周期的运营策略，以帮助大家更好地了解如何通过运营行为延长用户生命周期，提升用户满意度，最终提升老用户的转介绍率。

7.2.1　用户生命周期模型是什么

用户生命周期指的是一个主体从产生到结束的发展过程。网站用户的生命周期可以理解为用户从认识网站到喜欢网站再到深度参与网站活动，最后离开网站的整个过程。用户生命周期价值指的是用户在整个生命周期为网站创造的总价值。

7.2.2 用户生命周期模型分析

一个健康的用户生命周期体系，既要搭建获取优质新用户的渠道，又要做好用户在整个生命周期的留存与运营，保持长久的生命力，构建一条完整的用户成长体系。因此，针对用户生命周期体系模型，需要拆解一个公式，如图 7-8 所示。

图 7-8 用户生命周期管理关键公式

基于公式分析，运营的发力点要努力做好以下 4 个方面：

1. 提升用户的购买频次；

2. 提升客单价；

3. 提升毛利率；

4. 降低流失率。

以上 4 个方面中，第 2 点和第 3 点运营通常很难通过个人行为改变，需要触及整个公司来进行改变，第 1 点和第 4 点可以通过运营策略对其进行提升。

7.2.3 不同用户生命周期的运营策略

如图 7-9 所示，我们可将用户生命周期的 5 个阶段简要划分成 3 个区间：

（1）获客区——导入期，主要运营手段为拉新；

（2）增值区——成长期 + 成熟期，主要运营手段为促活、复购、传播；

（3）留存区——休眠期 + 流失期，主要运营手段为留存，召回。

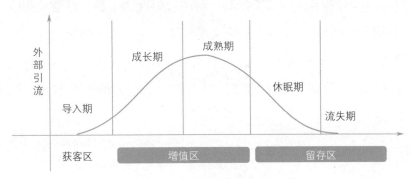

图 7-9 用户生命周期管理

用户全生命周期的每一个阶段所对应的用户诉求和用户的状态是不一样的，作为产品的提供方，我们必须深入了解每个阶段的用户情况，采取不同的应对措施。

1. 导入期

导入期用户的主要特征：注册了账号，但对产品依赖程度较弱；验证产品是否符合预期，一般不会轻易付费；通常只看免费内容。

对于导入期的新用户，最主要的工作是进行新手指引、新手任务、奖励等活动，产品足够好的话，任何新用户进来的时候都会很清楚自己的操作。但对于新产品来说，可以优化的点特别多，我们最根本的诉求是要求用户完成交易，交易完成前的每一步都是障碍，每多一步都会影响转化。

我们需要关注转化率，分析用户的转化情况、每日的留存率等，通过这些指标来评价各渠道的质量、获客成本、客户质量，计算所有渠道

ROI，优化和改进后再决定后续投放的方向和重点。

2. 成长期

成长期用户的主要特征：已充分体验过产品，对产品已有较完整的认知；能保持较好的活跃或留存状态；可能已经完成了首次付费（充值）。

成长期运营的目标是促进用户交易，培养用户对产品的使用习惯，让用户对产品产生情感和依赖。在这一阶段，运营的重点在于精细化运营，通过用户运营和活动运营的方法，提高用户活跃度和留存率，为产品积累忠实用户。

3. 成熟期

成熟期用户的主要特征：可能连续不断地购买、复购；买了之后就会使用，所以登录、活跃、留存数据通常都很好；分享自己的学习内容或者学习成果，吸引朋友圈的人关注产品；用户或许变成了产品的"粉丝"。

需要对成熟期用户进行分级，运营的策略应根据用户以往的数据投其所好，不同层次的用户需要用不同的方式来维系，培养用户的习惯，让用户对产品的好感度更加强烈。关注用户反馈并及时改进，一个用户反馈往往代表着大量用户背后的同一诉求，保证良好的用户使用习惯和使用体验，关注用户转化、活跃用户比例、新老用户比例等重要指标。

定期或不定期举办各种活动；比如，激励新老用户持续参与，养成用户对产品的使用习惯和依赖感，培养用户分享的习惯。

4. 休眠期

休眠期用户的主要特征：可能不再有付费行为；访问（或打开）产品的频次减少，使用时长缩短等。

在进入休眠期后，用户的活跃度明显下降，访问率降低。在这个阶段，运营的目标在于唤醒沉睡用户，提高留存率。休眠期需要做的是通过各种利益刺激、改善平台服务和产品配置等，及时做好用户流失预警。

5. 流失期

流失期用户的主要特征：较长时间都没有访问产品，成为沉默的用户。

在进入流失期后，用户已经不再使用我们的产品，这时运营的目标非常明显，就是召回用户，运营策略上可采取智能触达的方法。

7.3 搭建用户激励体系

7.3.1 为什么要搭建用户激励体系？

本节将主要围绕用户激励体系进行展开。

激励是一个管理学概念，就是通过组织设计适当的外部奖酬形式和工作环境，以一定的行为规范和惩罚性措施，借助信息沟通来激发、引导、保持和规范组织成员的行为，以有效地实现组织及其成员目标的过程。用户激励体系简单地说，就是在用户全生命周期中，给用户一些会让他们感到"爽"的东西，来让用户做一些能够帮我们的产品达成某些商业目的的事情。

企业一般通过用户积分体系的形式实现用户激励体系的搭建，其核心在于鼓励和引导用户的行为，提升已有用户的积极性以及平台忠诚度，从而达到促活、留存、复购的运营目的，同时增加用户离开平台的成本，提升用户黏性。用户激励体系主要有以下几个目的：

1. 用户层面

（1）培养用户忠诚度

用户在平台内获取积分，通过累计积分，提升会员等级、会员权益，用户等级越高，对平台的依赖程度越高，更换平台的成本也越高。

（2）激励用户活跃度

设置积分规则，刺激用户使用产品，给用户发放积分，提升用户在平台的活跃度和对平台的深度体验，来提升产品的留存率及活跃度。

（3）刺激用户消费频次

结合会员权益积分抵现，绑定用户二次消费，刺激用户的需求，提升用户对产品的消费频次。

2．企业层面

（1）降低维护用户成本

维护新用户，需要新客户获取成本＋新客户补贴成本＋新客户引导成本，漏斗转化过程中也存在多层的流失，维护老用户则可以省掉前面提到的成本，而积分的成本与老客户产出的价值相比，成本可以通过收益被覆盖掉。

（2）提升复购率

用户激励体系通过利用用户利益点以及需求点来刺激老用户，以提升老用户复购率。

◐ 7.3.2 用户激励体系的一个核心、两个关键点

用户激励体系的核心：激励用户效果外化。

激励用户在关键节点进行效果外化是用户激励体系的核心，也是转介绍的一个有效手段。教育界流传一句话，"要想招生好，效果外化不可少！"想让老顾客给你推荐新顾客，要首先思考顾客为什么帮你推荐，无外乎以情感人、以理服人、以利诱人这三招，用户效果外化就属于第二招以理服人，以真实的效果吸引周围的人参加。

建立用户激励体系有两大关键点，一个是一定要符合产品的价值；另一个是具有激励效应。

1. 符合产品价值

每一个产品都有其独特的价值，做用户积分激励体系就要和产品的所有核心价值相契合。以 QQ 为例，QQ 的等级和特权都是对应的，通过等级的提升可以得到相应的特权。比如，达到太阳等级可以免费建群，享受绿钻的音乐特权、黄钻的 QQ 空间特权等，这些特权是 QQ 产品体系给用户提供的特色产品价值，是用户切实的需求。

结合产品功能做的用户激励体系，只有将激励融合到产品的功能价值上，才能在放大产品功能价值的同时激励用户。如果产品主张的价值观和激励体系所激励的方向不一样，反而会让用户感到困惑。比如，产品的核心价值在于 A 功能，而用户激励体系主要围绕 B 功能去搭建，岂不是让产品内在逻辑都不能自洽，更何况去期待采用激励体系促进产品使用呢？

2. 具有激励效应

具有激励效应是用户激励体系的核心所在，只有契合用户场景，洞察用户心理需求，才能达到激励的效果。如果特权不是用户所渴望的，或者奖励也不够吸引人，又或者让他们觉得自己的付出与所得不对等，都将达不到激励效果。

契合用户心理的激励体系很重要，很多产品的激励体系或者增值体系都会去迎合用户的某种心理诉求或者更高级的使用需求。比如，虚荣心及炫耀心理：QQ 的升级等级、超级会员图标、点亮 QQ 面板图标、王者荣耀的游戏等级；更高级的使用需求：绿钻音乐特权、黄钻空间特权；获利心理：电商积分兑换礼品、积分购物特权等。

所以，做激励体系需要深刻分析用户心理诉求，精准把握产品价值输出和用户需求满足，这样才能辅助去放大产品的核心价值。

⊙7.3.3　明确激励用户的目的：你想让用户做什么？

激励体系是为了维持产品的健康生态，要求对用户"赏罚分明"。如果缺乏激励，不管是产品还是社群，都很有可能在短时间"消亡"。所以第一步就是分析哪些用户行为对产品有价值，是应该被激励的；哪些用户行为对产品有害，是应该被制止或者惩罚的。我们对于自己的产品需要清楚地界定，换句话说，你希望你的用户发生在你的产品上的关键行为的次数是多少？比如付费多少次，传播多少次，内容互动情况如何，访问频率如何等。

每个产品的业务重点不同，刺激用户活跃的任务也不同。对于新浪微博而言，它希望增加用户发微博、转发微博、发评论、点赞互动、关注好友、分享故事等行为。用户的行为涉及面越多，则表明用户越活跃。再如腾讯新闻这样的资讯平台，它希望增加用户浏览新闻、发表新闻评论、分享新闻文章、分享新闻评论等行为。我们需要结合自己的产品，仔细罗列出希望用户做的事情，然后把这些行为设计到激励体系中去。

选择激励方式，制定合理的激励规则。结合用户想要的和产品能给的，再根据健康的产品形态所需要的用户行为模型比例构成，来选择合适的激励方式，不同的激励方式会达到不同的效果。

首先，将运营指标与规则设置相结合。换句话说，就是你希望用户做什么事情，然后将 KPI 分解到用户的任务中，以规则的形式一步步引导用户帮你达成 KPI。当然，如果一上来你就告诉用户应该去完成哪些任务，用户一定不会买账，你需要先告诉用户结果（利益），再告诉用户如何实现这些结果。比如，运营研究社区块链社群为了活跃用户，搭建一套刺激用户活跃的积分体系。他们会先告诉用户积分可以实现购买、打赏、悬赏、投票、兑换这5种目的，将用户能获得的福利明确公布后，紧接着就可以告知用户，通过哪些行为可以获得积分，各个行为分别能获得多少积分。

想要增强用户的活跃度，提升用户的黏性，刺激用户转介绍，最简单的方式是建立一套用户激励体系。建立一套有效的激励体系，应该先要搞清楚你希望用户做什么事，然后直接通过物质激励、积分体系、等级体系，以及游戏化任务的积分体系激励用户产生"期望行为"。最后，选择合适的激励方式或者将这些激励方式融合在一起，制定合理的（转介绍）激励规则。

7.4 【案例拆解】续费率 95%、70% 新用户来自转介绍，这到底是怎么做到的?

2019 年 6 月，VIPKID 宣布获得 5 亿美元的 D+ 轮融资，成为迄今为止全球在线教育领域最大的一笔融资。完成此轮融资后，VIPKID 的估值将突破 200 亿元。VIPKID 无疑是近几年在线教育领域的一匹黑马，不仅表现在资本的不断入驻，还有一些数据也值得我们特别关注，虽然 VIPKID 只拥有 30 万用户，年收入却达到了 50 亿元人民币，每个用户的客单价、付费意愿、付费能力都很高，90% 以上学员家长的年收入在 30 万元以上，续费率高达 95%，超过线下机构的平均水平。

"用户也都非常愿意为我们做口碑传播，我们 70% 的新增用户，来自于老用户的推荐。"VIPKID 创始人及 CEO 米雯娟表示。

VIPKID 用品牌效应代替流量生意，打造品牌依赖性，利用家长转介绍，让老用户带来新用户。少儿在线英语教学市场中的信息很繁杂，家长又是一个相对集中的社群。因此，很多家长的购买决策依赖于其他家长的口碑。这是一个酒香也怕巷子深的时代，短线看体验，长线看效果，首先是有效，此为"道"；其次是效果外化，此为"术"。学习效果是所有教育机构的生命线，自然不必多讲，接下来重点讲"术"，即如何把效果外化？家长本来就有晒娃的"刚需"，VIPKID 在效果外化这个环节非常用心，为用户设计了丰富的海报模板，有个性化海报、推荐有礼海报、包含专属的海报二维码等，团队做了 2000 多种外化页面辅助配合家长"花式晒娃"，实现了用户全生命周期效果外化。

1. 报名后：分享赠课

家长付费后，是对产品满意度最高的时刻，因为如果家长不满意，自然不会产生付费行为。在新同学报名后，如图 7-10 所示，VIPKID 采用推荐即可获得免费课程的方式推动报名用户带来转介绍，用户成功介绍一个新人双方都可以获得免费的课程。报名用户分享孩子在线学习英语课程，展示他们眼中的"天之骄子"，加上 VIPKID 的课程价格并不算低，通过分享就可免费领取 288 元的课程，这样的优惠很容易让用户"心动"。亲朋好友通过自己的专属二维码报名，朋友获得了真正的实惠，自己也能获赠高价值课程，何乐而不为？

2. 里程碑节点：学习成果外化

如图 7-11 所示，VIPKID 的里程碑节点，孩子线上学习的每一天，通过服务号推送一条随机剪辑过的《宝贝成长日记》，包含视频、天数、试听课点击、五分好评、外教评价、知识点、免费领取手机表单、轮播图、数据广告海报、三大承诺等。家长可以在朋友圈、微信群分享数据海报，海报上含有宝贝专属照片、取得的进步和成长，这些海报都是家长分享的天然素材，真实且富有温度，更是吸引新用户的"门票"。家长分享的海报仿佛表达着"我的孩子在这里学得很好，你也可以试试"，无形中帮 VIPKID 占据了很多家长的心智。

图 7-10　分享课程

图 7-11　学习成果外化

3. 特殊瞬间：通过大数据分析，抓取孩子的学习状态发送给家长

如图7-12所示，VIPKID利用人工智能技术将孩子学习的精彩瞬间剪辑发给家长，让孩子快乐的学习过程能被看得见。其实，从很多细节方面，我们都可以做到让学习效果可视化，除了学科培训中定期测验、素质培训中定期汇报外，针对高中以下的学员也可以定期做一些小视频、小成果发送至家长群里，定期让学生将自己的成果展示给家长，并做好朋友圈运营。

VIPKID在线少儿英语
北美好外教，让孩子爱学敢说
VIPKID是《侏罗纪世界2》在线少儿英语独家合作伙伴

图7-12　学习效果可视化

4. 虚拟积分：定制礼物，营造"稀缺感"

如图7-13所示，VIPKID有自己的积分商城，用户可以通过参与转发海报、投票等活动获取能量石，用能量石兑换定制的礼品，这种市面上没有的"稀缺"互动方式，促进了学生的向往，也成了孩子心中的

"不可替代"。所有礼品都是围绕品牌吉祥物来制作的，包括吉祥物玩偶、文具套装、亲子 T 恤等。所以，如果条件允许，机构也可以创造自己的吉祥物，在形成一定影响力之后，制造一系列周边礼品。

图 7-13　虚拟积分

5．阶梯奖励：刺激持续拉新

图 7-14 所示游戏很吸引人，最重要的原因主要在于等级体系和即时性激励。VIPKID 针对转介绍设定了阶梯任务，老用户的每一步行为都能即刻获得相应激励。举个简单的例子，拉新海报分享到朋友圈，立刻获赠一节主修课；推荐学员试听，获赠一节主修课；推荐报名成功再获赠十节主修课。

6．实时反馈：拉新进度实时反馈

如图 7-15 所示，在拉新进度的实时反馈上，VIPKID 为用户定制了一套管理系统。老用户家长可以通过 App 界面，查看每个拉新家长用户目前所处阶段：已注册、已试听、已付费、已过退费期都一目了然。关键节点实时提醒，用户自发督促。

图 7-14　阶梯奖励

7．热点活动

如图 7-16 所示，不同时间节点，丰富而创新的活动形式、优惠幅度，更深层次的参与感，能更好地刺激用户的感官，提升活动效果。VIPKID 在不同节点，就会举办多样的活动，包括"外教带你看世界""开学季""疯狂晒娃新福利"等。

8．增加辅修课：绘本、影视配音课程

如图 7-17 所示，设置绘本、影视配音等有趣的辅修课程的主要目的不是为了盈利，而是刺激用户通过分享解锁课程，获得新用户。

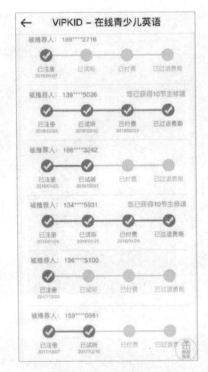

图 7-15　实时反馈

图 7-16　热点活动

图 7-17　增加辅修课

9. 增值服务：拉近与家长的关系

如图 7-18 所示，VIPKID 除了用晒成绩的方式替代传统的玩法，在做转介绍时，VIPKID 会做亲子教育，表面看来亲子教育和英语教育两者没什么关系，但和孩子的成长却有很大关系，符合家长、孩子的实际需求，这就是延伸服务、增值服务，这样的服务甚至可以涉及衣食住行，通过提供服务，在平时机构可以和家长建立紧密的联系，为转介绍奠定基础。机构可以开设一些家长微课堂，甚至打造福利日，做一些与衣食住行有关的活动，虽然这些活动不挣钱，但可以极大地拉近和家长的关系。当家长和你成为朋友的时候，转介绍的难度就大大降低了。

图 7-18　增值服务

值得注意的是，机构切忌平时不联系家长，到了需要续费或转介绍的时候，才开始忙着送拉杆箱或者其他福利，现在的家长对于这样的操作并不会轻易买账。

10．小程序拼团

如图 7-19 所示，只要朋友付款开团，就很容易和朋友一起购买，这是因为从众效应本身就能减少个体犹豫的时间，提高下单概率。

VIPKID 营销策略的定位是高端市场，不降价，围绕用户全生命周期进行效果外化，利用家长的转介绍获客。转介绍的前提是做好产品和服务，只有这两点都做好才能保证高口碑、高转介绍率以及高留存。现在 VIPKID 的用户留存是 95%，也就意味着每一个新增的用户未来都可能是学员，加上每年新招收学员，就产生了叠加效应，而这个叠加的过程又会进一步拉低获客成本，把每一次获客所需的成本分摊下来。相比于传统买流量方式的高成本、低留存，VIPKID 显然找对了种子用户，选对了获客渠道。VIPKID 凭借口碑传播已经进入了高速的增长轨道，并在机构、家长和孩子之间建立了一个宏大且良性的平台生态环境。

图 7-19　小程序拼团

第 8 章
首席增长官必备的 5 个思维方式

 **背景介绍**

人与人之间行为上差异的根本原因是思维方式的不同，普通人改变结果，优秀的人改变原因，而顶级优秀的人改变模型。

行为只是外在表现，思维才是真正的内核，思维决定了一个人对事物的看法和解决问题所采取的方式，它就像多米诺骨牌的第一张，操纵着人们之后的每一步，带领着人们走上截然不同的人生道路。

有1～2年工作经验的职场新人往往可以熟练掌握职位需要的基本技能了。但如果你想要完成从执行层到项目负责人的蜕变，仅仅只具备技能层面的熟练是远远不够的。首席增长官是一个思维大于技巧的岗位，其必须具备全方位的思维方式，这正是首席增长官和其他岗位拉开差距的重要因素。

本章内容将从增长官必备的用户思维、数据思维、流程化思维、沟通思维、管理思维五个方面展开，谈谈普通职场人需要具备哪些首席增长官的思维才能在就业寒冬避免"被"失业，找到新机遇！

8.1 用户思维：一秒钟变成目标用户

当前，不管是在产品、运营还是品牌等方面的发展中，"用户思维"都频频被提起，是名副其实的互联网高频词汇。但是在百度、谷歌等搜索引擎中竟然搜不到一个对于"用户思维"的确切定义。很多人对用户思维的认识存在误区，认为和用户聊天、做活动刺激用户活跃，做好售后服务，就是拥有了用户思维，但实际上，用户思维有着更加丰富的含义。

用户思维的好处

传统思维下，商家在诉说产品卖点时，更倾向于表述产品的各个功能特点。比如卖手机时，大多数厂家都在介绍用高通芯片、前置摄像头2 000万像素等，这些文字介绍需要用户自己去判断该产品是否符合自己的需求，而大多数的用户根本不懂这些参数对他的影响。

有用户思维的商家，则是站在用户角度直接描述产品利益点，让用户不用思考，就能在一秒钟内作出判断。这不仅省去了用户思考判断的过程，更能给用户营造出一种"啊，这就是我想要的东西！"的感觉。比方说"充电五分钟，通话两小时！"直接亮出产品给用户带来的利益点和价值点，一下子就抓住了用户急需解决智能手机充电速度慢的问题。

用户思维有四个好处，如图 8-1 所示。

图 8-1　用户思维的好处

培养用户思维，从了解你的用户开始。

知道了用户思维的好处，那么，我们如何才能从自己的角度切换到用户的角度，真正的从用户的角度出发，挖掘用户需求，带来用户增长呢？可以借鉴营销理论中最简单的品牌运营模型"Who？What？How？"

目标用户是谁？（Who?）——锁定用户标签

要做到从用户角度出发，首先要从庞大的用户群中找到并聚焦我们的目标用户，获取相应的有效数据，然后对获取的数据进行处理分析，确定目标用户是谁、在哪里等有效信息，并将用户信息标签化（标签包括用户社会属性、生活习惯、消费习惯等）。

目标用户需要什么？（What？）——挖掘用户需求

用户标签只是对于用户浅层次的了解，想要挖掘用户真实的需求，需要运营与用户近距离接触，通过不断的观察，快速抓住用户群体的特征。通过大量的用户调研，掌握用户数据，挖掘用户需求，不仅仅是功能上的需求，更多的是情感上的诉求，清楚地洞悉用户到底想要什么，了解用户心理，基于心理产生哪些行为。然后根据用户核心诉求打造可以满足大多数目标用户的品牌／产品。比如，将 MBA 课程放在今日头条投放产生的效果一定比在脉脉的投放效果差，因为今日头条的用户群属于三四线城市月入三千元左右的中低层阶级，动辄数十万元学费的 MBA 课程对大多数人而言实在遥不可及。而脉脉的用户多为一二线高收入人群，付费能力较强，MBA 课程的投放效果显然在脉脉会好一些。多做用户调研，掌握大量用户数据，了解用户所思所想，才能做出让用户尖叫的产品和让用户主动传播的活动。

怎样满足他们的需求？（How？）——打造用户体验

用户的使用场景和时间是非常有限的，所以要求产品设计、运营环节根据用户的真实需求，优化用户使用场景，给目标用户打造专属的至尊体验，抢夺用户的注意力。互联网是典型的体验式经济，其实就是重用户感受，因此必须在与用户沟通的每一个环节进行埋点，包括从产品功能、售前咨询、售后服务、购买渠道等方面获取目标用户的全面信息。

从锁定用户标签、挖掘用户需求和打造用户体验三点出发，可以全方面地了解目标用户、获得精准的用户画像。在获取了全面且精准的用户画像后，需要实实在在地站在用户的角度思考，以用户为中心展开运营，做到用户体验至上。

如何了解用户的需求呢？

可以通过 8 个方式了解用户需求，如图 8-2 所示。

图 8-2　了解用户需求的方式

用科学的方法论运营用户

目前，针对用户管理有三种最常用的管理方法：用户生命周期管理、用户分级管理和用户激励机制，如图 8-3 所示。以上三种方法已经在第 7 章进行了详细介绍，这里就不再赘述。

用户生命周期管理　用户分级管理　建立用户激励机制

图 8-3　科学的用户管理方法

8.2　数据思维：不断提升转化率的关键

8.2.1　数据思维是什么？

数据思维是指通过各种方法收集、处理、分析用户的数据，了解用户真正的需求，通过得出的数据结果，做出正确的运营决策的思维。我毕业后到 360 工作，最大的收获就是懂得了数据的重要性，因为没有数据支撑，就像盲人摸象，所有的决策都是凭想象，拍脑袋决定的。所以我从工作到现在一直有一个习惯，就是每天工作的第一件事就是看数据，对各平台的流量、各渠道的转化心中有数。周期性进行复盘，从数据中发现问题，进一步分析问题，及时进行调整与优化。

数据是一种信号，按照时间序列可以将数据分为"过去""现在"和"未来"三大数据类型，如图 8-4 所示。通过分析数据可以告诉你已经发生了什么，正在发生什么或即将要发生什么的信号。依据对"信号"的判断来决定运营的方向和方式——什么事可以做，什么时候做，以及应当采取什么样的方式来做。

以下是对三大数据类型的具体解释。

第一大数据类型：过去

"过去"的数据指历史数据，已经发生过的数据。

作用：用于总结、对照和提炼知识。

如：成交数据、订单数据、会员数据等。

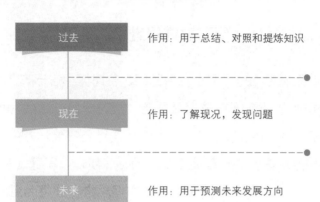

图8-4　三大数据类型

第二大数据类型：现在

"现在"的概念比较模糊，当天、当月、今年等，这些都可以是现在的数据，根据要分析的时间长短而定。如果以天作为单位，今天的数据就是现在的数据。以月作为单位，当月的数据就是现在的数据。

作用：了解现况，发现问题。

如：当日成交数据，本月会员注册量等。

第三大数据类型：未来

"未来"的数据指未发生的数据，未来数据不是精准的数据，是依据历史数据预测而得到的。比如，活动策划中的预算、预期效果等数据都是"未来数据"，在具体执行前起到参考作用。预测未来的数据不会100%的精准，通常会和实际有些出入，这是不可避免的。

作用：用于预测未来发展方向。

如：预计营业额，预算等。

8.2.2　为什么要有数据思维？

增长官的数据思维是打开企业各部门、各岗位、各环节之间黑匣子的金钥匙。公司各部门之间往往权责不清，数据一旦打通后，每位员工都清楚所有岗位、所有团队成员的工作将带来什么效果，为企业带来何种价值，从而更好地配合，一起完成企业目标。所以，不管是首席增长官，还是经理、主管，甚至专员，如果具有数据思维，都将为企业创造更多的价值。

首席增长官区别于其他岗位，是一个对数据意识要求更高的岗位。数据思维可以驱动首席增长官通过客观的数据，证明当前的工作是否正确，以及为未来的工作提供指引。数据思维可以让每一个决策都有数据支撑，而不是仅仅依靠个人经验去做工作。大到上百万元、上千万元的活动预算，小到几元几角的优惠券，特别是业务量比较大的项目，甚至需要增长官能够敏锐地捕捉到数据千分之一的变化。

如图 8-5 所示，数据思维可以驱使增长官在工作中控制成本、预估运营方向、调整运营策略。

图 8-5　为什么要拥有数据思维

控制成本：以历史数据为参考，可以估算每个运营节点的资金投入，在活动执行前做好成本预算，在活动中把控成本的投入，最大限度提高投入产出比。

预估运营方案：判断增长方案是否可执行，前提是必须要有一套衡量标准,而衡量标准则是由一个个数据组成的。用数据去预估活动效果,让决策更科学。

调整运营策略:通过分析用户关注、转发、取关数、页面点击率、页面停留时间活动转化率等数据,可以很清晰地反映出用户的行为路径状态,发现问题,针对问题调整策略。

以上介绍了数据思维的重要性,那么在工作中常见的数据指标有哪些呢?按照用户的行为属性划分,可以将数据分为三种,如图 8-6 所示。

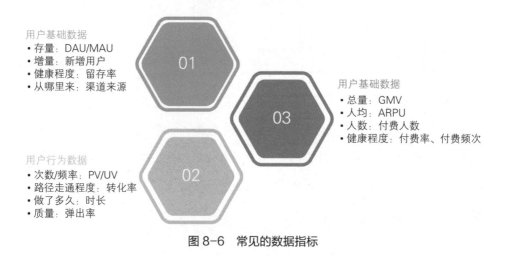

用户基础数据
- 存量:DAU/MAU
- 增量:新增用户
- 健康程度:留存率
- 从哪里来:渠道来源

用户基础数据
- 总量:GMV
- 人均:ARPU
- 人数:付费人数
- 健康程度:付费率、付费频次

用户行为数据
- 次数/频率:PV/UV
- 路径走通程度:转化率
- 做了多久:时长
- 质量:弹出率

图 8-6　常见的数据指标

8.2.3　数据分析六步法

如何才能培养自己的数据思维,更好地进行数据分析?如图 8-7 所示,数据分析一般需要经过六个步骤,分别是设定目标、数据挖掘、数据监控、数据处理、数据分析以及数据总结。

1. 设定目标

数据分析在启动时,必须要设定明确、并且可拆解目标。一定要非常清楚你所执行的这项任务的最终目标是什么,以终为始,才能保证不会偏离目标。

图 8-7　数据分析的六个步骤

　　前段时间，我和两个电商平台的产品运营人员沟通，我特意提出一个比较模糊的问题，"如果让你负责乳品酒饮类目，你会如何提高日活？"其中一个产品运营实习生回答说："需要其他渠道给我导流？我估计要申请很多推广经费，就怕领导不批。"而另一个比较高级的产品经理反问道："日活具体提高到多少呢？"

　　"提高 40%。"

　　"现在的 DAU 大概是 ×××W，是如何构成的，各个板块的占比如何，哪块还有增长空间，哪块遇到了什么难点，可以用什么方法来突破，预估能提升多少。"先拆分目标，找到难点在哪，有哪些解决方案，再评估大概的效果。这可能就是有无数据思维的人在思考问题时的差别之处吧。

　　2．数据挖掘

　　很多企业不做数据分析的原因是因为没有数据，实际上只要做好"埋点"，善用工具，是可以挖掘到很多数据的。数据分析必须拥有数据来做支撑，数据积累是第一步，没有数据就无法进行后续的数据分析，所以找到数据来源非常重要。那么，在互联网的产品当中，可以通过哪些平台获取想要的数据源？

自有平台数据挖掘

自有平台（网站、App）的数据挖掘是最基础的数据来源。数据挖掘的前提是要做好数据埋点，所谓"埋点"，就是在正常的功能逻辑中添加统计代码，将自己需要的数据统计出来。

数据埋点一般可以通过两种形式来实现，如果你有很强大的技术支持，可以选择自己开发。开发时加入统计代码，并搭建自己的数据查询系统。如果没有技术团队的支持，则可以用第三方统计工具进行统计。

常见的第三方统计工具

网站分析工具：Google Analytics、Alexa、百度统计等。

移动应用分析工具：Google Analytics、TalkingData、Crashlytics、友盟等。

由于项目不同，目标不同，需要分析的数据指标也不同。所以，我们要先根据目标确定好数据指标，然后选择适合自己项目的方式进行相应的数据挖掘。

例如，百度推出的一款免费的专业网站流量分析工具——百度统计。通过这一工具，企业能够知道用户是如何搜索到网站的，并且掌握其使用轨迹；通过这些信息，网站管理员可以跟踪网站的流量。

百度统计目前提供流量分析、来源分析、网站分析、转化分析等功能，可以分析的维度以流量为基准，可以了解访客数量，浏览页面数量，访客地区分布，年龄分布，流量的页面上下游，以及初步的广告跟踪能力等。

业务初期，有百度统计这样的工具帮助，对业务增长有非常大的帮助。

新媒体相关数据挖掘

常用自媒体平台，像公众号、微博、头条号的后台都会带有关于粉丝数量、分布，文章阅读、点赞、转发等数据的分析，根据这些数据你可以进一步分析用户的画像以及用户的喜好。

如果你想要查看新媒体的榜单，推荐一个平台：新榜。新榜根据阅读、点赞、转发等指数算出新榜指数，排出榜单。可以用新榜查询公众号、微博头条、PGC 视频、小程序等榜单。

行业数据挖掘

如果你想要对整个细分行业的数据有个大概的了解，可以分析艾瑞咨询、企鹅智库、易观千帆、TalkingDate 等互联网研究机构的行业研究报告，虽然数据不一定完全准确，具有一定的参考意义。

3. 数据监控

在此过程中一定要注意对于异常数据的监控，首席增长官必须要对数据保持的高敏感度。由于创业公司并没有技术能力去做数据阈值监控，这就要求增长官通过报表和明细去觉察数据的异常。有些异常甚至会直接导致企业资金损失。以下为常见的两种数据异常情况：

（1）注册数异常。

在做新用户优惠活动时，应该重点监测，防止新用户通过注册多个虚拟账号获取利益。此时，可以根据用户注册账号的明细，比对归属地、账号规律、注册 IP、回访抽样等分析账号，及时推出防作弊措施。

（2）订单异常。

这是在有补贴、返现、红包的时候容易出现，通常表现为下单的频率高、收货地址相同、金额雷同、返现额度雷同等，要定时查看订单的明细，勿存侥幸心理。

4．数据处理

在挖掘数据过程中所得到的都是原始数据，原始数据在工作中通常无法直接使用，所以需要进行数据的加工、整理。数据处理方法主要包括删除无效数据、合并重复数据以及组合相关数据三种，如图 8-8 所示。

图 8-8　数据处理的三种方法

（1）删除无效数据，是指在统计过程中难免会有一些无用的字符或与目标不相关的数据，那么在数据处理中可以处理掉这部分数据，不然会为后面的工作带来一定难度。

（2）合并重复数据，是因为有些后台的一些数据有重复性，合并到一起统计出的数据更直观。

（3）原始数据中还有一部分是过程数据，因此需要进行数据组合。

5．数据分析

只有数据还不够，有效的数据分析才是指导运营的重点，数据分析不是为了分析而分析，而要将落脚点放到业务、产品和用户上。比如，产品增长方面，数据分析应该帮助产品不断优化产品设计和迭代，驱动产品和用户增长。而对于运营增长方面，也需要通过数据分析，分析内容的阅读情况以帮助其改进内容方向等。六种常用的数据分析方法如图 8-9 所示。

图 8-9　数据分析的六种方法

（1）直接判断法：不需要经过任何的数据对比，根据经验直接进行判断。这种方法，对于个人经验的要求非常高，要求这个人对现有数据的理解和市场上其他数据的理解都非常透彻，一般来说，至少是总监级以上才建议对一些简单的数据进行直接判断。

（2）对比分析法：这是一种挖掘数据规律的思维，一次合格的分析一定要用到 N 次对比。比如，竞争对手对比、时间同比与环比、类别对比、转化对比、特征和属性对比、前后变化的对比等，很多时候只有通过这些对比才能看出问题。

对比是在数据分析中用得最多的。对比的目的是为了找出两个指标（事物）之间的不同，就是给孤立的数据一个合理的参考系，因为孤立的数据毫无意义。比如：

本月实际完成业绩与目标业绩的对比，叫达成；

本月实际完成业绩与去年同期的对比，叫同比；

本月实际完成业绩与上月实际业绩的对比，叫环比；

自己完成的业绩与竞争对手完成的业绩的对比，叫差异。

那么关注"达成""同比""环比""差异"有什么意义呢？

"达成"是为了看当前业绩的完成情况，以此评估业绩完成进度是否合理。注意，听你汇报的人，往往会更关注原因：业绩达标了，达标的原因是什么？什么地方做得足够好？业绩不达标，不达标的原因是什么？什么地方出了纰漏？

"同比"是为了看当前业绩与去年同期相比有没有增长。有经验的增长官看的第一个指标就是同比，同比上升了，就要考虑上升幅度是否符合预期，同比下降了，就需要重点查找下降的原因。

"环比"是为了看企业业绩前后的变化，环比上升或者下降往往代表企业在这段时间内运营策略的调整。有时是因为这个月商品降低了折扣，有时是因为这个月加了一场活动。如果环比的变化是异常原因引起的，便需要引起警惕，及时干预。

"差异"是为了找到企业与竞品之间的不同之处，这种不同，有时是为了避免与竞品的直接竞争，有时是为了向竞品学习更好的运营手段。比如，竞品在2018年5月做了3场活动，预估2019年5月做的活动数量也会在3场。那么，我们是与竞品同台竞争，还是抢占先机，比竞品提前几天做活动？

对比分析是最容易做的，往往一个减法或除法公式就搞定了一项对比数据。但是，容易做的分析往往会让许多人失去思考。所以，我们要经常问自己"为什么上升？为什么下降？"

以A/B测试为例，最关键的是A/B两组只保持单一变量，其他条件保持一致。比如，测试首页改版的效果，就需要保持A/B两组用户质量相同，上线时间相同，用户的渠道来源相同等。只有这样，才能得更精准的对比结果。

（3）结构分析法：这是将组内数据跟总体数据对比。比如，现在平均阅读量是10000，行业平均阅读量是15000，对比两组数据的周期波动是什么样的？把数据提取出来，做成曲线图，这个其实就是结构性对比。

（4）平均分析法：设置平均线，分析数据高（低）于平均值的原因。

（5）漏斗分析法：简单来讲，就是观察流程中每一步的转化与流失。比如，教育培训类产品的用户，从首页进入到最终完成支付的行为，大多需要经过搜索课程——查看课程详情——点击购买——立即支付——

支付成功等流程，需要对以上用户各个转化节点进行监控、优化；对没有按照流程操作的用户绘制他们的转化路径，找到可提升用户体验，缩短路径的方法。

（6）因果分析法：用枝状结构画出因果关系的图。将影响数据的因素一一列出，形成因果对应关系，使人一目了然，对于确定正确的对策方案有帮助。

6. 数据总结

在阐述数据分析结果上，要记得结论先行，逐层讲解，最后提供论据论证。俗话说：字不如表，表不如图。数据分析的结果一般通过图、表的方式来呈现。借助图标等数据展现手段，能更直观的让数据分析师表述想要呈现的信息、观点和建议。因为管理层时间都是有限的，洋洋洒洒一大篇，未看先晕，很难再花心思看文档到底分析了什么。

8.3 流程化思维：目标导向，精细准备

流程化思维指的是在制订具体的工作计划之前，需要先梳理出用户参与的全流程，并细化用户在流程中每一个关键节点的思维方式。高效的企业和团队，都是建立在优秀的流程之上，流程思维是首席增长官必修的一项核心能力。普通的运营者，可能拿到问题就事论事，头疼医头脚疼医脚，每天虽然忙得不可开交，但事情都没有理顺。而有成熟的增长官，拿到问题会先梳理流程，将问题分解为一个个节点，每个节点需要哪些资源和做哪些协调、沟通，先统筹清晰，然后匹配资源达成一个个节点的目标。分析业务流程和逻辑，推演出一系列流程模板，用流程指导团队高效协同。

设想一下，当一个刚进入公司的运营实习生，在做用户运营工作时，

收到了一条用户反馈，向上级反映之后，会有什么样的结果？

如果上级是一个初级运营，他很可能直接告诉这个实习生，具体怎么处理，就没有后续了。但当这名实习生再遇到其他不同的用户反馈时，还是不知道如何处理，很可能继续问第二次、第三次。如果上级是一个中级运营，他很可能教这个实习生具体怎么处理之后，告诉他公司处理用户反馈的流程是什么，需要对接的人有哪些。如果上级是个成熟的增长官的话，他很可能直接发给实习生一个文档或者流程图，上面有遇到各种用户反馈的处理流程以及解决办法。

一个首席增长官和一个初级运营存在的核心差别，就是首席增长官接到一个项目时，会先梳理项目的全流程，把各个流程细化成无数个小节点，确保每一个关键节点的顺利完成，从而达成最终目标。目标达成后，把经验沉淀成一个标准流程，下次做类似的任务时可以借鉴。这里会用到另一个工具——SOP。SOP 即标准作业程序，就是将某一事件的标准操作步骤和要求以统一的格式规范出来，用来指导和规范日常的工作。

世界著名的质量管理专家戴明博士曾说过这样一句话：如果你无法把自己的工作流程化，那么说明你不了解你的工作。增长官想要把工作流程化，具体需要怎么做呢？如图 8-10 所示，可按照 3 个方法来思考和解决问题。

1. 目标导向：界定清楚，想要达成什么目标，得到什么结果

很多人对于增长岗位存在一个误区，认为增长官就是"高级打杂的"，其根本原因是增长官是互联网行业内最不标准化的工种。每天面对的工作事项非常的繁杂，经常需要和各种人打交道，处理一些杂事，很多增长官被搞得焦头烂额。所以，作为增长官，构建以"目标为导向"的流程尤为重要。拿到任务，先确定目标，以终为始，才能确保目标不偏离。然后，将终极目标拆解成一个个小目标、小节点，细化每个节点需要哪

些资源和沟通，统筹清晰，再匹配资源达成一个个小节点的目标。

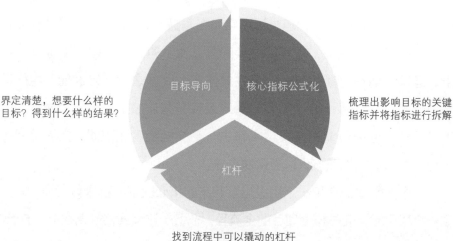

图 8-10　培养流程化思维方式的 3 个方法

在进行目标拆解时，可以遵循 MECE（Mutually Exclusive Collectively Exhaustive）原则。MECE 原则核心的内容是"相互独立，完全穷尽"，简单地说，就是在拆解目标时，对问题的分析要做到不重复、不遗漏，从而直达问题的核心，找到问题的解决方法。比如，制定了一个目标，然后一层层往下拆，这个目标可能需要 8 个步骤，这 8 个步骤需要 16 个体系才能完成，这就需要像金字塔一样把它们一个个拆解出来。

2．核心指标公式化：梳理出影响目标的关键指标，并将关键指标进行拆解

在增长实验过程中，出现的任何问题都可以先考虑如何把问题拆解。比如，销售额下滑，退款率变高、转化率下降、流量增长慢。如果我们没有进一步把问题拆解细分，就无法知道解决问题的关键因素是什么。

像流量、用户量、销量这些数据目标，在特定的情景下可由各种分支指标组合而成。比如，要做直播课程，那么直播课程的流量来源是什

么？可参见以下公式。

直播课流量来源 = 微信推文阅读数 × 转化率 + 朋友圈推广曝光量 ×
转化率 + 社群海报阅读量 × 转化率 + 直播间推送人数 × 转化率

将指标公式化，有助于进行数据监控及流程优化。具体来说，如果你
接到的任务是"提高直播间流量 20%"，根据上面的公式，可以特别直观
看到影响直播间流量的因素，如果想要提升直播间的流量，先找出公式
中的一些关键因素进行优化。比如，曝光量大但转化率低，需要看一看，
是不是文案写得有问题，是不是目标人群定位错误，找到核心漏洞环节，
及时补救。将一个指标拆解成无数的指标的集合时，可降低数据监控的
难度，让流程优化更简单。

3. 杠杆

确定整个流程关键节点后，如果能挖掘出关键节点中可撬动的杠杆，
将实现较少的力量获得较大的效果。也就是经常说的杠杆思维，这是以
一个核心杠杆点（破局点），去"撬动"更多成果产生的一种思维方式。
很多初创公司或者项目处于刚起步的阶段，资金和资源通常比较有限。
在这种情况下，一个优秀的增长官不会去抱怨没有资金，没有资源，而
是应该去思考如何利用有限的资源让其发挥出最大的效应，以小博大。

要想发挥出杠杆的作用，首先要找到破局点。一旦破局成功，就意味
着你已经占据了一个无比坚实的支点，可以通过支点再去撬动更大的力
量。在项目运营中，破局点的关键在于对合作的双方来说，能为对方提
供什么，能否达成双赢效果是合作的关键。

企业自身一定要先具备或打造出一定的市场交换价值，找到什么可以
作为自己的破局点，然后再想清楚需要借什么样的力（比如借人力、借
人情、借资源和资本等）。

跟大家分享一个真实案例，我的朋友王 X 2015 年去了一家初创的

在线教育平台做运营合伙人。刚入职，就有难题在等待着他，由于平台上线时间太短，没有知名度，很难吸引讲师入驻。他在 0 预算的情况下，只用了一个月的时间，就让平台上讲师入驻数量增长了 140%。你一定很好奇他是怎么做到的吧。

他并没有撒大网，逐一去找讲师谈合作，而是找到 10 个行业内最知名的讲师，去给他们专门做包装做服务，让他们感到公司很有诚意，吸引他们入驻。有了这批头部讲师背书，再去跟其他讲师谈就容易多了。其他讲师会想"这么厉害的讲师都入驻了，我也要考虑入驻。"这就是以引入头部讲师为破局点，去撬动更多资源的成功案例。职场中，很多运营会觉得自己怀才不遇，每天做着重复的工作，与其抱怨，不如把时间放在寻找破局点上，抓住机会，让工作变得充满挑战，让自己的能力不断提升。

以目标为导向梳理出影响目标的关键指标，并将指标进行拆解，找出整个流程中可以撬动的杠杆，让增长工作变得更加轻松、高效。

8.4　沟通思维：有效沟通是关键

无论是在职场或者其他场合，沟通是每个人都绕不开的话题。这里讲的增长官必备的沟通思维，并不在于作为增长官一定要能说会道，而在于能否进行有效沟通。有效沟通的关键在于会说话，站在对方角度说对方能听懂的话。

在日常的运营工作中，你会发现有很多时间都是用在沟通上。在公司内部，横向需要跟同级的产品、技术、设计、市场沟通；纵向需要跟下属或者领导沟通。对外更需要跟合作伙伴、乙方、用户沟通。特别是随着你的职级升高，这种感觉会越来越明显，因为做到了管理层，你大部分的工作是在提需求、谈合作、对接资源与把控方向，这时有效沟通能力变得更加重要了。

运营工作中，需要有效沟通的场景：

公司、项目主体方向的争取：我遇到过很多运营，甚至是运营经理，表达不清楚自己真正的意愿与需求。我常常说，不到位的沟通，可能会把你做了 7 分成绩的工作，扣到 4 分；但如果沟通有效，7 分工作可能会变成 10 分。

调动内外部资源：当你调动内外部资源的时候，在沟通前，你能否先去确定好资源协调方的需求是什么，如何才能让双方产生共赢。

招聘、管理：作为运营团队的管理人员，在面试新成员时，你需要在最短的时间内向应聘者提问，确定他是否符合招聘要求，并讲清楚公司到底是做什么的，有什么优势，最终吸引他加入公司。

与下属沟通：找到与下属适当的沟通方式，让下属真正明白你的任务指令，而不是抱怨"我都把自己的职场经验和人生智慧毫无保留地说出来了，为什么他们从来就听不进去呢？"

有效沟通的艺术渗透在工作中的各个环节。如图 8-11 所示为有效沟通的五种必备因素：

图 8-11　有效沟通的五种必备因素

1）沟通同频：沟通的第一步是认知和情绪同步，同频才能达到信息传输的最高效率。同频就是为了让信息接收者打开天线接收信息，如果没有同频，接下来的沟通都会大打折扣，可以说是无效沟通。

2）明确目的：沟通不一定是要一直说，有时倾听也可以找到对方的沟通目的：是寻求认可，还是寻求事情真相；是想解决问题，还是寻求认同。

3）梳理结构：根据沟通目的与双方的认知，由浅至深，由已知到未知，找到支撑目的理由与结构化论述，让信息接收者易于消化吸收。

4）及时反馈：及时反馈信息，确保双方在沟通中保持共同频率，理解一致。

作为任务接收者，要及时沟通反馈信息，参考节点有以下几个：

0—10%—50%—80%—100%

0：现场确认工作内容，确保双方理解的信息无误。

10%：写了报告的方向和结构（如目录），与指令下达者沟通，确保方向无误。

50%：写到一半，告知对方工作正常进行，没什么问题或者有问题及时沟通。

100%：补充相关细节，完美交付双方满意的答卷。

5）表达方式：合理利用语言、身体、文字、道具等表达方式，加强沟通感染力。

作为增长官在下达指令时，如何把事情交待清楚呢？

下达指令，常见的问题如信息输出者指令信息不明确，信息接收者不及时反馈、同步任务进展，导致任务完成不达标或者任务延期。首席增长官可以用 SMART 模型把信息表达明确如图 8-12 所示。

SMART 模型在下达命令时的应用如下：

S（Specific）代表具体，指增长官在传达命令时一定要以明确的目标为导向，沟通主题直切要害；

M（Measurable）代表可度量，指增长官下达的任务是可数量化或者可执行化的，验证这些绩效指标的数据或者信息是可以获得的；

A（Attainable）代表可实现，增长官下达的任务一定是下属在付出努力的情况下可以实现的，避免设立过高或过低的目标；

S（Specific）代表具体

M（Measurable）代表可度量

A（Attainable）代表可实现

R（realistic）代表现实性

T（time bound）代表有时限

SMART模型

图8-12　SMART模型解析

R（realistic）代表现实性，指任务指标是实实在在的，可以证明和观察；

T（time bound）代表有时限，指任务的完成节点。

比如，增长官要做一份关于第二季度用户量增长缓慢的原因分析报告，可以这样描述任务：内容维度有时间、渠道、活动投入、产品体验设计、用户需求变化、竞品影响等（S）；报告要能解释增长第二季度用户总数只增长8%的原因（M）；可以参考之前我做过的报告（A）；这份报告影响到本季度的用户增长情况（R）；请你在本周五中午12点钟前以邮件的形式发给我（T）。

有效沟通是沟通思维的核心与关键，但是职场中很少有人能够做到有效沟通。具备沟通思维可以为增长官的职场发展与个人成长助一臂之力。

8.5　管理思维：如何搭建增长团队

当一名增长专员向首席增长官迈进的时候，从一个人冲锋陷阵到带领大家冲锋陷阵，需要的是更多的运筹帷幄、指挥若定和凝聚人心的能力，也就是具备管理思维。首席增长官和增长专员最大的区别之一在于不仅要经常与人沟通协作，还需要管理培养团队成员，促成团队目标的达成。那么，作为首席增长官应该如何组建一只强大的增长战队呢？

首先，要关注公司的背景信息，比如，公司成立增长团队的短期、中期、长远目标，达成目标的途径，公司可投入的现有资源，公司现有的人员情况等，这些背景信息是必须要了解的，因为公司的决策是一个自上而下的过程，公司整体的运营情况、人员情况、目标等信息都可能影响增长团队的架构。在这过程中一定要注意：新组建的增长团队是否与已有团队有工作内容和利益上的交叉。如果两个团队的工作内容有交叉，以后会有沟通成本高等不良显现。为避免这种情况出现，最好的方法就是组建独立增长团队，团队内角色齐全，不仅可以避免与已有团队的工作交叉，还可以增强项目的可控性，加速迭代速度。

一个完整的增长团队是怎么构成的？

首席增长官

主要工作内容：负责设计流量增长体系，提出增长实验建议；商务渠道拓展；整个私域流量转化体系搭建；增强团队管理。

KPI：公众号、个人号、社群用户基数；增长体系搭建情况；付费用户数。

项目经理

主要工作内容：推动整体项目按照计划进行，对接资源，检查关键节点。

KPI：项目启动与复盘完成率。

产品经理

主要工作内容：负责增长相关产品与基数对接，设计用户使用路径，有较强的数据意识和数据分析能力。

KPI：基数稳定性，产品迭代完成度，用户满意度，转化率，付费率。

内容运营 / 设计师

主要工作内容：优质文字与图片内容产出。

KPI：页面打开率，完读率，原创内容产出数量等。

流量运营

主要工作内容：策划并执行增长活动，完成常规增长动作，每月至少一次非常规增长实验，多平台流量开拓。

KPI：活动策划质量，用户增长量，防封措施等。

用户运营

主要工作内容：负责增长过程中的转化环节，负责付费客户的答疑，挖掘 KOL 用户。

KPI：付费用户数，付费率，退费率，转介绍数，转介绍率。

数据运营

主要工作内容：对所有活动的数据分析，完成报告并提出修改建议，找到高净值用户精准画像，建立防流失模型。

KPI：数据建模，监控数据并提出改进建议。

在设计团队架构时需要注意以下三个问题：

（1）尽量把人数缩小到最少

毕竟是在团队建立初期，要尽量把团队人数控制到最少，每个角色安排 1 人即可，先把流程跑顺。同时也为未来留出调整的空间，无论增减，小团队执行起来的成本会低很多。

（2）每个人的工作内容不重叠

工作内容要有重叠，有可能会影响积极性和成就感，有时也无法直观判断工作成果来源于谁，不利于团队管理。

（3）男女搭配和新老搭配

即使团队只有 3 人，也尽量做到有男有女，一老带两新。如果把团队当作一个"个体"来看，好比是一个"人"。这个人在工作的过程当中要面临大大小小的问题，做各类决策，所以需要具备很多种素质，要有很多面的性格。

比如，一些敏感、细致、常规化的工作内容，需要团队拿出更女性化的一面；一些有活力、潮流化的工作内容，需要团队拿出年轻化的一面。所以，团队里有男女搭配，同时也有新老搭配，就可以让团队具备更多面的综合素质，可以应对更复杂的问题。通过团队成员之间的互补，才能真正达到团队效果。

用最"轻"的方法管理聪明人，制定合理清晰的 KPI 指标。

在聚集一群聪明的人之后，接下来，需要将积蓄的所有的人投入战场上。增长官充分发挥 KPI 的最大作用，将公司的增长目标分解至团队，再到个人。增长官通过 KPI 的设置，让每一个团队成员都处于全心投入的状态，为达成目标而努力，在获得成就感的同时激励他们达成下一次的任务。

此时，整个增长团队会处于一种自我运营的健康活跃的状态。这就是作为管理的最理想状态：找到一群聪明人，用最"轻"的方法管理他们。

　　对于首席增长官来说，思维就是道，而技巧和方式只能是术。术常变，而道不会变，学会道，掌握增长官必备的用户思维、数据思维、流程化思维、沟通思维、管理思维这五大核心思维方式，才能在不断变化的市场环境中以不变应万变，如图 8-13 所示。

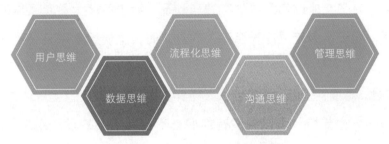

图 8-13　增长官必备的五个思维

后　记

一直以来，我都在探索一个答案：如何给"企业增长"定义一套成型的体系。为了完成这套系统的构建与验证，我进行了大量跨领域的学习与实践，终于在今年"锋长咨询"成立之时，呈现给大家一个我还算满意的版本。

在此，我要特别感谢我的合伙人杨帆以及机械工业出版社的编辑刘怡丹对本书的大力支持，可以说没有你们就不会有本书的顺利出版。同时，也要感谢关键明、陈勇、王六六、鉴锋等人，以及笔记侠、小裂变、三节课、煤老板商学院等企业对本书的无私帮助。

虽然增长的底层思维永远不会发生变化，但随着技术的发展、市场环境的变化，企业增长体系的搭建必然也要为之改变。在本书出版之前，我认为最新的增长体系已经变成了如下图所示的模样。

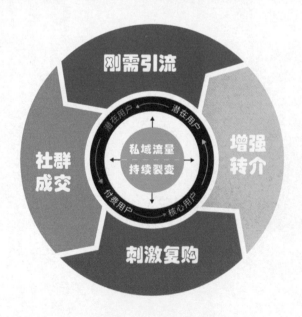

用目标用户刚需的内容进行引流，在社群中彻底体验产品内容，从而解决"产品是什么"以及"为什么要买 TA"的信任问题，通过直播促进成交，然后通过产品端和用户运营端的双重刺激促进复购，最终筛选出核心用户引导转介绍。而在这个过程中的每一个环节，都要想办法进行持续裂变，并且把用户沉淀到私域流量池中，进行高效、多次触达，从而提升每个环节的转化率。

本书至此就告一段落了，但是增长永远不会停滞，大家如有意见可以与我交流，我将会尽力回复。

让我们一起构建持续增长的运营系统，让流量变成流水，实现利润倍增！

朱少锋

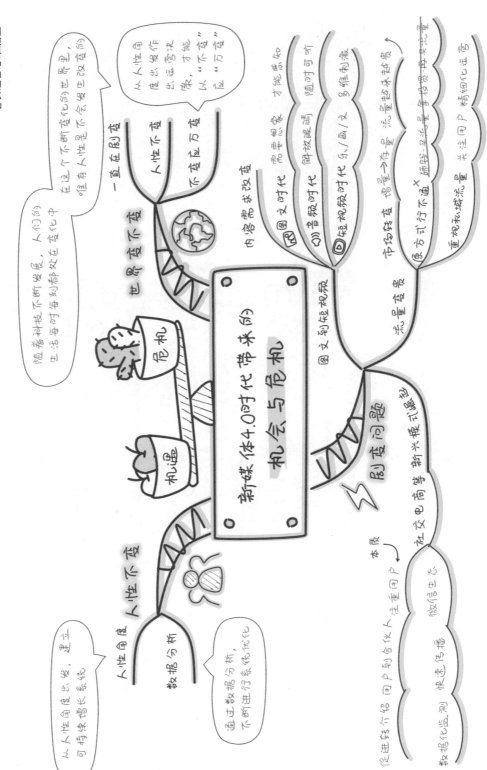

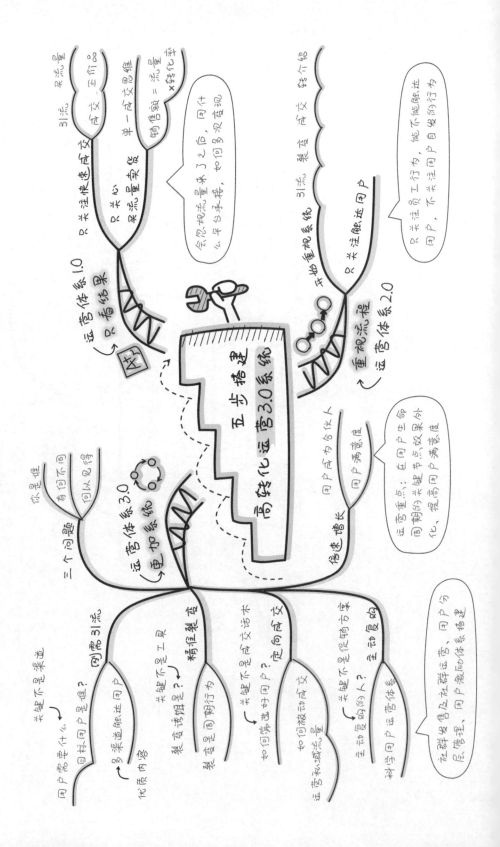

增长运营思维脑图

运营体系1.0 只看结果
- 引流 采流量
  - 成交 —— 正价产品
- 只关注快速成交
- 只关注量采集
  - 单一成交思维
  - 销售额 = 流量 × 转化率
- 忽悠视流量采了之后，用什么来承接，如何多次变现

运营体系2.0 重视流程
- 只关注员工行为，能不能够让用户关注能诱发的行为
- 平均重视系统
  - 引流 裂变成交 轻价产品
  - 只关注触达用户

运营重点：在用户生命周期的关键节点，效果外化，提高用户满意度
- 快速增长
  - 用户成为伙伴
  - 用户满意度

五步搭建高效化运营3.0系统

运营体系3.0 更加系统
你是谁
- 三个问题
  - 有何不同
  - 何以见得

关键不是渠道
- 用户需要什么
  - 目标用户是谁？ —— 例需引流
    - 多渠道触达用户
    - 优质内容
- 关键是不是工具？ —— 例需引流
- 精准裂变
  - 裂变诱明足
  - 裂变周期行为
- 关键不是成交语术 —— 定向成交
  - 如何被动成交
  - 如何持续好用户
  - 运营私域流量
- 关键不是销售的人？ —— 主动复购
  - 主动复购
  - 主动复购的人？
- 科学用户运营体系
  - 社群发售及社群运营、用户分层运营、用户激励的体系搭建

02

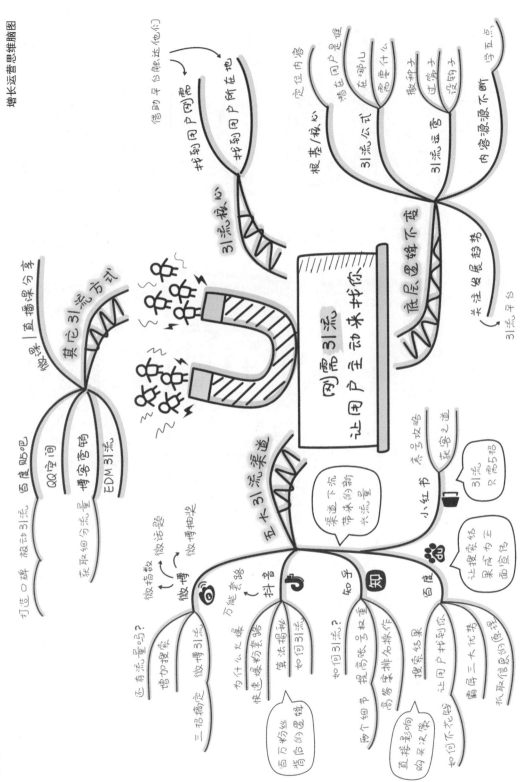

03

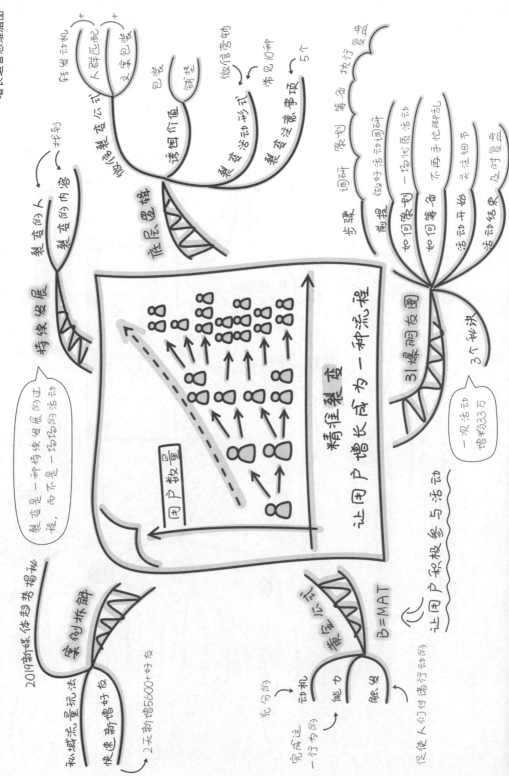

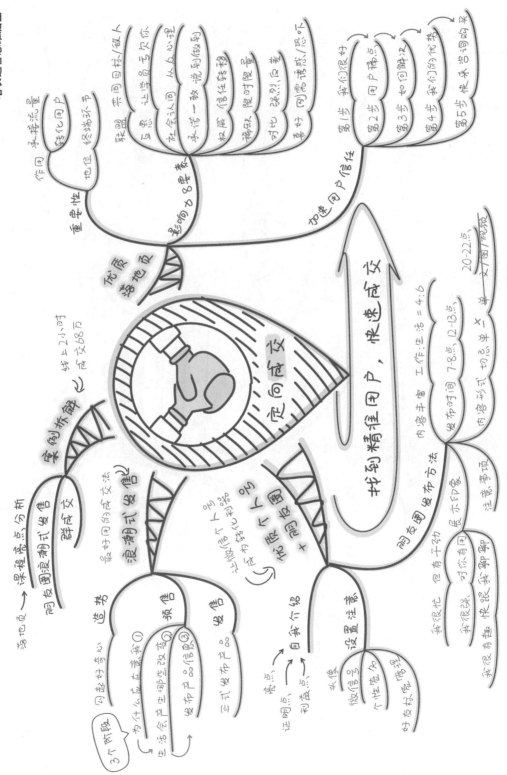

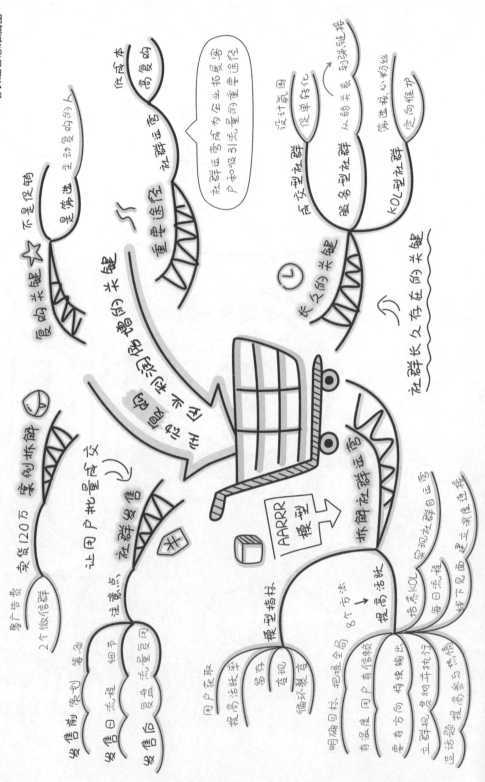

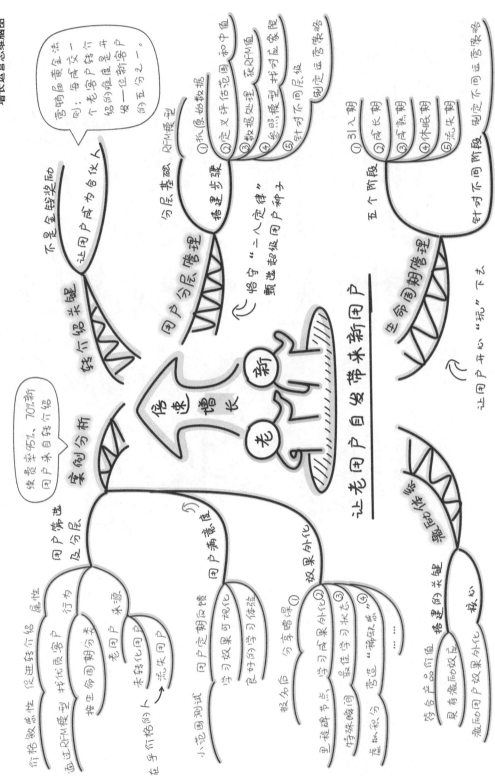

作图人：@七之婵 | 专注简笔画画手绘

增长运营的思维

用户思维

初度目标用户

好处
- 用户精准度高，付费转化
- 打造核心用户，用户裂变
- 用户拉新用户，新用户信任
- 功能核心是多功能，防止对手起抄袭

出发点 —— 了解你的用户

方法论 —— 用户引导的方法，优术运营用户

数据思维

- 更好控制成本
- 渠道运营方向
- 过滤运营策略
- 不断提升中转化率

六步法
数据思维
1. 设定目标
2. 数据挖掘
3. 数据监控
4. 数据处理
5. 数据分析
6. 数据总结

精细化思维（流程化思维）

以终为始

目标导向

目标导向 —— 转到杠杆

指标公式化

- 梳理关键指标
- 拆解指标
- 流程中可量化的

搭建增长团队 —— 管理思维

增长团队构成
- 首席增长官
- 项目经理
- 产品经理/设计师
- 内容运营
- 流量运营
- 用户运营
- 数据运营

管理聪明人 —— 最"轻"的方法

有效沟通 —— 笔头是沟通思维

工作中，思考有效沟通的场景

场景

有效沟通必备因素
1. 沟通目标
2. 有效沟通
3. 明确回报
4. 梳理结构
5. 及时反馈
6. 表达方式

如何下指令

增长官在下达指令时，如何把事情交代清楚？

08